TESTIMONIOS DE ASISTENTES A LOS CURSOS DE CANTO Y PEDAGOGÍA DEL CANTO DE ISABEL VILLAGAR

«Muy interesante, sobre todo la metodología para los niños en sus diferentes etapas, me ha sido de gran ayuda. También con los adolescentes. He salido muy enriquecido, con conocimientos e ideas para estimular e incursionar a los niños de una manera natural y didáctica, y también la importancia de la música en nuestros primeros días de vida.»

«Me ha ayudado a entender muchos aspectos de la voz y de su formación, creo que es necesario para una educación musical buena.»

«La información tratada ha sido muy interesante y adecuada para el grupo en el que me encuentro. Actividades prácticas tanto a nivel personal como para los niños, satisfactorias y positivas.»

«Me ha parecido muy interesante su forma de trabajar la voz con niños y adolescentes... Me ha orientado en cuestiones de trabajo de la voz en clase.»

«Buena fundamentación general del desarrollo vocal.»

«Cantar es expresar sentimientos y abrirse de par en par, se puede y debe hacer desde el conocimiento sobre nuestro instrumento que es maravilloso y aporta tanta felicidad.»

«El aprendizaje de la fisiología y del funcionamiento de la voz fue para mí abriendo mundos. La forma de enseñanza y la profesionalidad de Isabel impactan positivamente. La técnica aprendida abre el camino a expresar los sentimientos y conectar con los demás. Explicar el canto como un todo del ser humano.»

CÓMO ENSEÑAR A CANTAR A NIÑOS Y ADOLESCENTES

Isabel Villagar

CÓMO ENSEÑAR A CANTAR A NIÑOS Y ADOLESCENTES

Fundamentos técnicos y pedagógicos de la voz cantada

Diseño de cubierta e interior: Regina Richling
ISBN: 978-84-120812-7-5
Depósito legal: B-25.432-2019

Impreso por Sagrafic, Pasaje Carsi 6, 08025 Barcelona
Impreso en España - *Printed in Spain*

*Para que Lidia y todos los niños y niñas del mundo aprendan
a cantar felices.*

ÍNDICE

PREFACIO

Cantar forma parte de nuestra naturaleza humana y es una actividad que pone en funcionamiento la práctica totalidad del cerebro. Todos los niños deberían tener el derecho y la oportunidad de aprender a cantar por los beneficios que aporta a su desarrollo integral. Por lo tanto las familias y docentes tendrían que sentir el deber de ayudarles a realizarlo de manera segura y saludable.

Es preciso incidir en que cantar es una actividad neuromuscular susceptible de ser aprendida y mejorada gracias a la práctica sostenida y al entrenamiento guiado, y no una habilidad innata que sólo unos pocos poseen o que los niños aprenden sin necesidad de ayuda por parte de los docentes.

Enseñar a cantar a los niños y a los adolescentes implica conocer cómo evoluciona la voz a lo largo del tiempo y entender qué pueden hacer con ella en cada momento. En cada etapa existen condicionantes anatómicos, cognitivos y emocionales que han de ser tenidos en cuenta para que el aprendizaje se produzca de manera consistente y efectiva.

El aprendizaje de los mecanismos del funcionamiento de la voz debe ir paralelo a la adquisición de los conocimientos musicales en cada etapa. Enseñar a cantar es, por tanto, enseñar a descubrir las posibilidades de la voz en cada momento de manera que se produzca un sonido saludable, que no comprometa la salud vocal y no tanto enseñar un determinado estilo musical: el repertorio puede ser variado siempre y cuando se produzca un sonido cómodo y natural.

Es tarea de las familias y de los docentes proporcionar los contextos y los estímulos necesarios para que el canto se desarrolle adecuadamente desde el nacimiento hasta la edad adulta.

En este libro el lector encontrará los fundamentos y las actividades así como las aproximaciones metodológicas que permiten mejorar los procesos de enseñanza-aprendizaje.

Isabel Villagar ha profundizado sobremanera en la materia y la vierte de manera diáfana y didáctica para que tanto padres como docentes puedan aplicar estos conocimientos para guiar a los niños y adolescentes en la mejora y disfrute de la actividad del canto.

Alfonso Elorriaga
Titulado Superior en Pedagogía Musical
Doctor por la Universidad Autónoma de Madrid

1

INTRODUCCIÓN

«La voz es una de las cosas más comunes en el mundo.
Allá donde encontremos personas que puedan hablar,
encontraremos voces que entrenadas de una manera adecuada en un
momento preciso podrán aprender a cantar.
No todas las voces son igual de bellas;
en cambio, todas ellas pueden ser entrenadas para cantar de una
manera artística, por el hecho de que en toda voz humana
existe un cantante potencial»
Bowen, 1951

¿Qué es en realidad cantar? Se podría decir que es una vocalización musical emocional con o sin texto. (Chapman, 2017.)

La voz es un fenómeno complejo y poliédrico en el que se produce una interacción permanente de cuerpo, mente y emoción. Estas tres esferas están en constante interacción y hacen que cada voz sea única. En la medida en que existe un equilibrio entre las dimensiones afectiva, corporal y mental, existe un equilibrio vocal.

Cantar es algo primario, es parte de la herencia del mundo animal. Pájaros, primates y mamíferos marinos han desarrollado la capacidad de cantar y esto les ha producido ventajas evolutivas (apareamiento, mantenerse unidos, mostrar estatus dentro de un grupo, etc). El hombre ha desarrollado también la capacidad de cantar como una estrategia de supervivencia a lo largo de miles de años. Darwin sugirió que la capacidad de cantar fue anterior a la capacidad de hablar y era el principal medio de comunicación y herramienta para atraer al opuesto y aparearse.

Cuando hablamos, la voz siempre está coloreada de emoción y cantar se podría decir que es la expresión más intensa de esas emociones. El ser humano es capaz de identificar estados emocionales a través de la voz con el objetivo de detectar posibles peligros. Tenemos una «voz mamífera» que nos ayuda en nuestra supervivencia. Las emociones, que se generan en el sistema límbico, colorean siempre la voz.

Se ha estudiado que los sollozos, lamentos, gritos, risas y otras manifestaciones vocales emocionales están más cerca del canto que del habla. Cuando hacemos sonidos desinhibidos emocionalmente se produce una coordinación total entre la voz y el cuerpo, el sonido se produce sin tensión excesiva y con un equilibrio muscular perfecto.

Sin embargo cuando se canta también entra en juego la parte más racional de nuestro cerebro, el neocórtex, o el cerebro más humano (responsable del pensamiento abstracto, la imaginación, etc.) con el fin de coordinar patrones rítmicos y melódicos con la palabra. Cantar de forma equilibrada y saludable supone incorporar la manera de producir sonidos de manera coordinada y eficiente, fruto de la expresión emocional en las melodías y en las palabras de la canción.

Aprender a cantar, por tanto es aprender a coordinar neuro-muscularmente el cuerpo para expresarse y unirlo con patrones rítmicos y melódicos y con la palabra. Por ello se puede decir que cantar es una actividad que activa el cerebro de manera integral en la que se conecta cuerpo, mente y emoción.

Enseñar a cantar es ayudar a los alumnos a combinar y desarrollar los diferentes tipos de actividad cerebral y por lo tanto la enseñanza del canto debe tener un enfoque holístico en el que se trabajen: las aptitudes vocales y corporales, las aptitudes musicales y la inteligencia emocional y la expresión. Una buena clase de canto ha de desarrollarse en entornos emocionalmente enriquecedores y seguros a cualquier edad y no debe desligarse la educación vocal y musical de la emocional y corporal.

Si hay un elemento común en todas las culturas es precisamente la canción, todas las culturas tienen canciones que se interpretan con diferentes objetivos: canciones de trabajo, de fiesta, de cortejo, de danza, para los niños, nanas… Tradicionalmente se ha enseñado a cantar a los niños, tanto en casa como en la escuela, diferentes tipos de canciones propias de cada cultura.

Si bien es cierto que existen condicionantes genéticos y ambientales que favorecen el aprendizaje, la ciencia nos demuestra que es posible el desarrollo de las aptitudes musicales y la adquisición de los patrones musculares de la voz cantada en la infancia y la adolescencia de una manera segura y sistemática. Los docentes y las familias deben tener presente en todo momento los condicionantes físicos, mentales y emocionales a la hora de planificar el proceso de enseñanza formal o informal. Y nunca deben tratar a los niños y adolescentes como si fueran «adultos en miniatura» y mucho menos en lo referente a su capacidad de cantar debido a que sus voces poseen características fónicas muy concretas en cada periodo de su desarrollo.

Durante la infancia y la pubertad es cuando se producen los mayores cambios fisiológicos en el instrumento vocal y por ello los pedagogos deben conocer cómo se produce ese desarrollo y cómo va a condicionar la capacidad de cantar. Es más, si los niños no desarrollan plenamente su voz (hablada y cantada) durante la infancia y la adolescencia, las cuerdas vocales no se desarrollan completamente. Toda habilidad neuromuscular se puede entrenar y cantar es una habilidad más como lo son montar en bicicleta o caminar. Todos los niños pueden aprender a entrenar su voz y aprender recursos y conceptos vocales. La cuestión no es si deben o no deben aprender a cantar sino el cómo deben hacerlo en cada etapa. Por esta razón, la educación vocal y musical, estructurada, es necesaria para el desarrollo integral de los niños a lo largo de su infancia y adolescencia.

El desarrollo musical comprende la adquisición de aptitudes musicales entendidas como el desarrollo de las capacidades de crear, reproducir o imaginar música. Éstas se incrementan hasta los 9-10 años y después se estabilizan. Es decir, existe una ventana de aprendizaje en cuanto a la adquisición de determinadas aptitudes musicales (rítmicas, melódicas y estéticas), a partir de ese momento se pueden desarrollar y perfeccionar pero no se incrementan.

Cuando los niños son más pequeños aprenden por imitación de los modelos (niños y adultos que cantan) que tienen en su entorno, ya sea en el ámbito familiar o escolar, por ello un buen modelo es uno de los primeros condicionantes. Sin embargo la imitación, muy útil y necesaria en estos primeros momentos del desarrollo infantil, es insuficiente conforme los niños van creciendo y hay que complementarla con una formación estructurada y sistematizada para poder adquirir la voz cantada de manera consistente a lo largo del tiempo.

1.1. Mitos sobre el aprendizaje del canto

Hay suficiente evidencia científica que avala la enseñanza del canto en la infancia y la adolescencia, sin embargo es necesario revisar los siguientes mitos socialmente aceptados porque es necesario trabajar en pro de un cambio de paradigma en cuanto a la enseñanza del canto se refiere:

> **Mito 1: Cantar es un don con el que se nace.**

Todos nacemos con la capacidad potencial de cantar. De igual manera que todos nacemos con la potencialidad de hablar, caminar, nadar o leer. Plantearse si se debe enseñar a un niño a cantar resulta tan escandaloso como plantearse si se le debe enseñar hablar. El hecho de que existan diferentes etapas en el proceso de adquisición de la voz cantada no impide que se pueda realizar de manera adecuada y saludable. Sin embargo, si no se tiene la necesidad o la estimulación necesaria durante la infancia y se mantiene en el tiempo, esta capacidad no se desarrolla. Es preciso atacar frontalmente la idea de que para cantar o se tiene talento o no. A los niños no se les ha de inculcar la idea de que cantar es una capacidad innata porque entonces se bloquea el proceso de aprendizaje y el desarrollo de sus habilidades.

> **Mito 2: Los niños aprenden a cantar solos y de manera natural y no hace falta intervenir ni enseñarles.**

El hecho de que muchos niños aprendan a cantar de manera espontánea gracias a los estímulos del entorno no impide que puedan adquirir un conocimiento más profundo de su voz. Todos pueden aprender a cantar mejorando la consciencia sobre su cuerpo y la coordinación neuromuscular a través de una práctica estructurada y guiada por un profesor preparado. La práctica guiada mejora los procesos y corrige las carencias y dificultades que puedan existir en un determinado momento como sucede cuando los niños aprenden a tocar el piano o la guitarra o entrenan una disciplina deportiva.

> **Mito 3: Los adolescentes deben dejar de cantar durante la muda de la voz.**

La ciencia ha demostrado que no se debe dejar de cantar durante la adolescencia. Tanto docentes como adolescentes y familias han de entender las fases del proceso de cambio y mantenerse en la idea de producir una voz saludable. Para ello se deben adaptar las estrategias didácticas y el repertorio a las posibilidades vocales de los jóvenes en cada momento.

> **Mito 4: Aprender a cantar es aprender un determinado estilo musical.**

Los educadores deben abandonar la asociación de que aprender a cantar es aprender un determinado estilo musical. Aprender a cantar es sinónimo de cantar de manera saludable de modo que la actividad no comprometa su salud a corto (voz cantada o disfonía), medio (malos hábitos) y largo plazo (lesiones). El educador debe tener en mente de manera permanente la producción de una voz cantada saludable y eficiente o lo que es lo mismo que cantar de manera fácil y con un sonido libre de tensiones.

Esto implica que en la práctica del canto la prioridad debe ser siempre producir la voz de manera saludable y no tanto el cantar un determinado repertorio, es decir, éste debe ser una herramienta para construir ese sonido saludable. El profesor de canto ha de ceñirse a lo que los alumnos pueden realizar cómodamente en cada momento y huir de todo tipo de extremos: demasiado agudo o grave; demasiado fuerte o suave; demasiado rápido o lento; demasiado largo o con demasiado texto. Los niños pueden aprender a entender su voz cantada a cualquier edad con las actividades y el repertorio variado y adecuado y en general aprender técnica vocal y conocer su voz hace que sea más fácil cantar.

Tener un buen dominio de la voz es, además, una cuestión de salud general de gran importancia para el desarrollo de una vida plena tanto en niños como en adultos. Enseñar a los niños a cantar y a cuidar su voz tendrá un efecto profiláctico en cuanto a su salud vocal presente y futura.

Este libro será de gran ayuda para ampliar los conocimientos sobre el aprendizaje del canto en la infancia y en la adolescencia ya que existen numerosas cuestiones que se han de tener en cuenta para favorecer el desarrollo musical y vocal, ya sea en ambientes formales o informales de aprendizaje y en prácticas individuales o colectivas.

La publicación describe las tres grandes etapas: primera infancia, que va desde el nacimiento hasta los seis años; segunda infancia, desde los seis hasta el inicio de la pubertad y adolescencia, desde la pubertad hasta la edad adulta, por varias razones:

❑ Las características evolutivas y la maduración condicionan el desarrollo físico, intelectual y afectivo en cada una de las etapas.

❑ La voz presenta características diferenciadas en cada una de las tres etapas que han de ser tenidas en cuenta para diseñar las propuestas didácticas.

❑ La manera de aprender y los contextos condicionan los enfoques metodológicos a emplear.

Pretende ser una guía para familias, maestros de infantil y primaria, profesores de secundaria, educadores musicales (profesores de lenguaje musical, coro, canto) y directores de agrupaciones corales. Todos ellos tienen una gran responsabilidad y deben contribuir a que los niños canten y desarrollen su voz durante toda su vida, a lo largo de las diferentes etapas. Las familias encontrarán herramientas para acompañar esa formación y poder estimular musical y vocalmente a sus hijos en el día a día.

> **NOTA:** En este libro se hará referencia a la notación musical usándose el índice acústico franco-belga en el cual la nota Do central del piano, el Do de la primera línea adicional inferior de la clave de Sol, es el Do3.

2

EL DESARROLLO HUMANO Y LA VOZ

El hecho de que la voz y en particular el canto sea una actividad multi-sensorial implica que para su estudio se debe entender cómo se desarro-llan los niños a lo largo de la infancia y adolescencia.

El desarrollo humano hace referencia al proceso que designa los cambios que con el tiempo ocurren en las estructuras, pensamiento o comportamiento de una persona a causa de los factores biológicos, am-bientales o personales. Es un proceso continuo, multidireccional y completo e individual ya que cada sujeto se desarrolla a su propio rit-mo.

Los individuos se desarrollan en tres dimensiones: afectiva, motora, e intelectualmente. Comprender cómo afecta el desarrollo de cada uno de estos aspectos durante la infancia y la adolescencia a la hora de ad-quirir la habilidad para cantar, es decir, cómo se ve condicionado el desarrollo vocal y musical a lo largo de cada una de las grandes etapas del desarrollo humano es fundamental para diseñar un buen proceso de enseñanza-aprendizaje.

2.1. La esfera emocional. El desarrollo afectivo

La educación emocional de los niños es fundamental en el aprendizaje y en la socialización. El aprendizaje emocional es un continuum a lo largo de toda la vida pero es en la infancia cuando se establecen las ba-ses del desarrollo afectivo futuro.

El desarrollo afectivo está totalmente vinculado con la relevancia de los vínculos sociales que establecen los niños en los diferentes entornos y el más importante es la familia. El segundo entorno más importante son los jardines de infancia, la escuela y otros espacios en los que los niños pasan parte del tiempo junto con maestros, educadores y compañeros.

Escuchar música activa los sistemas autónomos, subcorticales y corticales de manera similar a otros estímulos emocionales. La música está tan íntimamente conectada con los sistemas emocionales que los cuidadores usan la música para comunicarse emocionalmente con sus bebés antes de que éstos puedan entender el lenguaje. Esto hace imprescindible para una educación musical integral que se incluya la educación emocional en los procesos de aprendizaje.

2.1.1. Primera infancia

El inicio de la educación emocional y musical se produce en el vientre materno. La música está presente en la vida de las personas desde antes de nacer. Durante el embarazo, las experiencias emocionales de la madre y la consecuente aportación hormonal al torrente sanguíneo que llega hasta el feto ayudan al bebé a vincular determinados estímulos con determinadas respuestas emocionales.

A partir de la semana 26 del embarazo el futuro bebé ya ha desarrollado la capacidad de escuchar los sonidos que rodean el ambiente en el que está la madre. El oído es el primer sentido que se forma y prepara al futuro bebé para desenvolverse en el entorno exterior ya que a través de los ritmos corporales, acciones y estímulos sonoros de la madre, el bebé va percibiendo los diferentes patrones y los asocia a una determinada carga hormonal. El sonido prepara al futuro bebé y le ayuda a desarrollar respuestas emocionales a determinados estímulos. Se sabe que el feto responde al sonido porque se ha medido su frecuencia cardíaca al exponerlo a diferentes estímulos musicales pero para que el futuro bebé pueda realizar asociaciones permanentes dichos estímulos han de sostenerse en el tiempo y vincularse con un estado emocional positivo de la madre.

Los bebés pueden escuchar en el vientre materno diferentes frecuencias que se ven modificadas más o menos en función de su altura. Los sonidos agudos (a partir de 300 Hz y superiores) se ven alterados pero las frecuencias graves pueden ser percibidas casi sin alteración. Esto quiere decir que la voz de la madre, el latido del corazón y los sonidos intestinales son percibidos de manera más clara por el bebé. Esta es la razón por la que el bebé es capaz de identificar la voz de su madre al nacer y no sólo eso, también será capaz de distinguir a través del tono de su voz el estado emocional en el que se encuentra cuando le habla.

Muchos futuros padres se preguntan si es conveniente poner auriculares en el vientre de la madre para estimular al bebé y hay varias razones que indican que es mejor no hacerlo. La primera es que el oído del feto es muy sensible y los sonidos graves, que no se atenúan tanto como los agudos, podrían dañar su oído. La segunda razón es que los ritmos de sueño y vigilia del feto no son exactamente los de la madre por los que el estímulo demasiado potente en un momento inadecuado puede alterar estos ritmos.

La cuestión esencial estriba en que los estímulos musicales, para que sean significativos, han de pasar por el filtro de la madre. Si la madre canta o participa en actividades musicales placenteras y segrega hormonas de la felicidad asociadas a esa actividad le está diciendo al bebé que la música es algo bueno y si lo hace con regularidad permite la asociación de esos estímulos con una respuesta positiva. Por lo tanto, el canto en este momento no sólo ayudará a la madre por su efecto liberador sino que ayudará a establecer un vínculo afectivo más potente con el bebé a la par que preparará su oído para experiencias musicales y emocionales futuras.

Desde el nacimiento los niños manifiestan un relevante interés por la voz humana, la visión del rostro de las personas que les rodean y otros fenómenos de interacción social. Se podría decir que el primer juguete del bebé es su propia voz y su propio cuerpo y que ambos le permiten relacionarse con su entorno. Hay una clara conexión entre la expresión vocal y las emociones a nivel cerebral.

Cuando el bebé nace es capaz de reconocer la voz de sus padres y los contornos melódicos de canciones que ha escuchado en el vientre. La entonación emocional de los adultos enseña al bebé a asociar las emociones a los tonos de voz y por eso es capaz de percibir los estados emocionales ajenos tan sólo escuchando la voz a muy temprana edad.

La calidad de los vínculos con los adultos de referencia es fundamental para que los niños creen un apego seguro que les permita posteriormente explorar el entorno progresivamente con mayor autonomía y configurar su sistema emocional de manera saludable.

Los niños más pequeños, los que aún no saben hablar, interpretan las reacciones emocionales a través de la expresión vocal y facial de los adultos. Por eso es importante que las respuestas de los adultos ofrezcan una entonación y expresión adecuada. Cuanto más marcada emocionalmente sea la entonación vocal, mayor y mejor retroalimentación emocional tendrá el niño.

En relación al canto, las madres que atienden las inclinaciones musicales de los bebés cantando regularmente en el curso de la atención y adaptando su estilo de canto (más pausado en las nanas, más animado en las canciones de juego) están fortaleciendo el vínculo y enseñando a cantar al bebé que intentará imitar. Las interacciones vocales ritualizadas reflejan la predisposición de los cuidadores a compartir afecto y forjar lazos emocionales por medio de la sincronía temporal. De hecho, el canto de las madres a los bebés es más efectivo que el habla materna para calmarlos.

Los niños buscan continuamente el afecto de sus adultos de referencia, por eso padres y maestros deben ofrecerles una respuesta proporcional a sus acciones. Si estas respuestas no son emocionalmente adecuadas y proporcionales los niños adquirirán estas mismas respuestas disfuncionales. Ellos construyen su inteligencia emocional a través de las relaciones que establecen con el entorno y la imitación de respuestas y expresiones de los demás.

Los niños necesitan para su desarrollo integral sentir que los adultos de referencia valoran y apoyan sus esfuerzos por aprender, hecho que permitirá que los niños sigan su impulso por seguir explorando y aprendiendo y no se desanimen o asuman que no pueden conseguir lo que se propongan.

La voz es el primer instrumento de expresión musical y los niños pueden y deben explorar sus posibilidades para desarrollar el aparato fonador. Siguiendo esa exploración van incrementando su curiosidad y capacidad de manera que son capaces de aprender las canciones de su cultura de la misma manera que adquieren el lenguaje.

Cuando son bebés el entorno siempre responde positivamente a sus expresiones vocales, hecho que favorece el desarrollo vocal y musical.

Sin embargo conforme van creciendo las respuestas del entorno a sus expresiones vocales (hablar, cantar o jugar con la voz) pueden no ser tan positivas si se les hace callar o no se les permite explorar su voz porque molesta a los adultos o se les pide que estén en silencio demasiado tiempo. Es bueno que aprendan a regular cuándo hablar o cuándo callar pero no se les debe privar de momentos de exploración vocal más expansivos. Que canten es la mejor manera de que canalicen dicha exploración vocal y emocional.

Aquellos niños que reciben una respuesta positiva por parte del entorno cuando cantan tienden a cantar más. Si además cantar es una actividad que se desarrolla de manera natural en la familia y en la escuela en un entorno emocional seguro, los niños tenderán a vincular esta actividad al placer y a la felicidad.

Además los niños pueden ir identificando emociones básicas: alegría, tristeza, enfado, impaciencia, etc., y son capaces de atribuir un determinado estado de ánimo a la música en los primeros años, por lo que cantar se convierte en una potente estrategia para regular sus emociones.

Cuando los niños adquieren el lenguaje aprenden otras maneras de comunicarse emocionalmente con los demás, pero hasta que no desarrollan las capacidades de razonamiento son seres fundamentalmente emocionales que necesitan de contextos emocionalmente seguros para que las capacidades cognitivas se desarrollen.

Familias y educadores han de ayudar a los niños a entender y regular progresivamente su universo emocional y tienen una gran responsabilidad a la hora de proporcionar una educación emocional adecuada. La música y el canto se presentan como una potente herramienta para que los niños tengan una expresión plena de su mundo emocional y afectivo. Si establecen unas buenas bases durante las siguientes etapas se producirá un desarrollo de su inteligencia emocional que permitirá una adecuada adaptación al mundo.

2.1.2. Segunda infancia

Entre los 6 años y la adolescencia, las capacidades emocionales de los niños se van desarrollando adecuadamente si se les ayuda progresivamente a percibir, expresar y entender sus emociones.

Los niños deben en primer lugar entender cómo se producen las emociones y cómo se manifiestan en su cuerpo, después entender que no hay emociones buenas o malas sino que son respuestas adaptativas de su cuerpo. De esta manera aprenden a relacionar un estado emocional concreto con una acción o con una reacción, impulso o pensamiento.

También hay que enseñarles a parar, a que perciban su cuerpo y expresen o verbalicen aquello que les está pasando para poder comprender la emoción. El dibujo y el canto pueden ser de gran ayuda cuando los niños tienen dificultades para verbalizar. Cuando se expresan se producen conexiones entre su sistema límbico (emocional) y su neocórtex (razonamiento) de manera que la intensidad de la emoción se reduce. El proceso de verbalizar o expresar es esencial para enseñarles a regular las emociones y establecer una respuesta adecuada, básico para una correcta adaptación emocional a diferentes situaciones y contextos.

Una mejor regulación emocional redundará en una mejor capacidad de escucha y en una mejor autopercepción corporal. Estas habilidades son muy necesarias también para establecer y desarrollar las aptitudes vocales y musicales: saber escuchar, percibir el movimiento y sincronizarlo, sentir las vibraciones en el cuerpo, percibir las emociones en el cuerpo, etc.

Dada la relevancia que guardan los fenómenos emocionales en la vida cotidiana de los niños y el poder emocional que tiene la música y el canto, las experiencias propuestas desde la educación musical constituyen un factor clave para estimular y propiciar una amplia variedad de sentimientos, emociones y afectos que despiertan el interés de los más pequeños ya sea en la familia o en la escuela. Cantar durante esta etapa puede resultar una poderosa herramienta de protección social y emocional para los niños.

2.1.3. Adolescencia

Llegar a la adolescencia con un buen conocimiento emocional, propio (inteligencia interpersonal) y en la relación con los demás (inteligencia intrapersonal), así como poseer estrategias adecuadas para autorregular los diferentes estados emocionales permitirá al adolescente afrontar adecuadamente el proceso de construcción de su propia identidad.

Durante la adolescencia se producen grandes cambios físicos y emocionales por medio de los cuales los chicos y chicas vuelven a realizar valoraciones sobre sí mismos comparándose con sus iguales o con sus ídolos. Esta nueva visión crítica de sí mismos les hacen atravesar un periodo en el que están especialmente vulnerables y susceptibles al ridículo y a la opinión de los demás.

Las familias, los docentes y el grupo de iguales contribuyen a que el adolescente construya una autoestima más o menos ajustada y positiva. Una buena autoestima redundará positivamente en su salud mental, la aceptación de sí mismo y su rendimiento escolar. Por contra, una baja autoestima se ha relacionado con trastornos de alimentación, ansiedad e incluso depresión.

En su proceso de afirmación de la personalidad, el adolescente buscará vínculos con los que identificarse y relacionarse. La música en esta etapa es un catalizador de emociones y de creación de sentimientos de pertenencia a un grupo de iguales. La formación del propio criterio y gusto musical les permite alejarse de sus figuras de autoridad (padres, profesores) y acercarse al grupo de iguales.

Los adolescentes forman grupos en base a las actividades que comparten y la música se podría decir que es el pegamento que los une. Los jóvenes escuchan música juntos, van a fiestas y conciertos y aquellos que practican música sienten la necesidad de reafirmar su personalidad a través de ella: creando canciones, formando parte de un grupo, de un coro, etc.

No hay que subestimar el poder de la música en general y del canto en particular en el proceso de construcción emocional del adolescente puesto que supone en la mayoría de las veces un factor de protección social y buenos hábitos de vida.

En conclusión, somos instrumentos musicales y emocionales andantes gracias a nuestra voz; la alegría que da producir sonidos con la propia voz y cantar es un derecho y no debería privarse a ningún niño o adulto de ello. Una persona que desarrolle plenamente su voz y su expresión emocional a través de la misma tendrá una potente herramienta de autorregulación emocional que le acompañará toda su vida.

2.2. La esfera corporal. El desarrollo motor y el esquema corporal

La visión holística de la pedagogía del canto tiene en cuenta a la persona como un todo. El desarrollo de la voz no se comprende si no se entiende cómo construyen los niños su esquema corporal, cómo desarrollan su motricidad general y cómo coordinan la motricidad del sistema fonador.

Descubrir, vivir, experimentar y entender el cuerpo es un proceso fundamental para poder cantar de una manera saludable a lo largo de la vida. El conocimiento corporal permitirá realizar los ajustes necesarios para mantener el equilibrio vocal a través de los cambios que se produzcan en su cuerpo a lo largo del tiempo. Los docentes deben concretar sus estrategias en función de los periodos del desarrollo motriz:

Periodos del desarrollo motriz en base a los postulados de Piaget:		
Etapa	Desarrollo motriz	Voz
Periodo sensorio-motor (0-2 años).	Descubre las partes de su cuerpo con el movimiento y la interacción con el medio. Pasa de los primeros reflejos a la marcha. Es consciente de los grandes movimientos pero no tiene un dominio preciso de los mismos.	Juega y descubre su voz y va adquiriendo progresivamente un mayor dominio motriz que permite desarrollar el lenguaje.
Periodo preoperatorio (2-8 años).	Discrimina partes y movimientos que puede realizar con su cuerpo. Utiliza su cuerpo con una precisión mayor, perfecciona su motricidad global, la percepción corporal y espacial, se da la afirmación definitiva de la lateralidad.	Empieza a dominar el lenguaje y a cantar de manera más precisa y coordinada. Pueden existir imprecisiones en cuanto a la afinación y carencias en cuanto a la coordinación rítmica que se corrigen con la práctica.
Periodo de operaciones concretas (8-12 años).	Puede realizar una representación mental del propio cuerpo y de los movimientos conscientes que puede desarrollar y perfeccionar. Independiza movimientos concretos de las partes de su cuerpo. Se relaja a nivel global y segmentario. Aprende secuencias de movimientos y mejora la precisión con que los hace.	Es más consciente de aquello que deben hacer para cantar de manera saludable. Tiene la capacidad de aprender una gran variedad de canciones. Puede aprender esquemas motores y perfeccionarlos.

| Periodo de operaciones formales (12 años en adelante). | Desarrolla el pensamiento abstracto y lógico. Puede realizar actividades que requieran de una cognición más sofisticada. Es capaz de extrapolar el conocimiento adquirido a diferentes contextos. | Aplica el conocimiento teórico de la voz en diferentes contextos y repertorio con una autonomía creciente. Es capaz de solventar por sí solo dificultades técnicas de las canciones. |

2.2.1. El esquema corporal

El concepto de esquema corporal hace referencia a la construcción de la representación cognitiva que cada persona tiene sobre su cuerpo en un determinado momento, de sus diferentes componentes, de sus posibilidades de movimiento y acción en un determinado espacio e incluso sobre sus limitaciones.

El dominio del esquema corporal es un proceso lento, de progreso individual que va consiguiéndose como consecuencia de un ajuste progresivo de la acción del cuerpo a la acción del medio y a los propósitos de la acción. Requiere de la maduración neurológica y sensorial y de la experimentación personal con el propio cuerpo en el entorno y la experiencia social, puesto que a través de los otros se recibe información sobre cómo es el propio cuerpo, y donde localizan sus partes.

El desarrollo, la maduración y los aprendizajes que realizan los niños son fundamentales en el desarrollo del esquema corporal. El proceso de adquisición del esquema corporal lleva asociado un cierto aprendizaje motriz de aquello que se quiere aprender, ya sea aprender a bailar, a patinar, a montar en bicicleta o a cantar.

Desarrollo del esquema corporal

Para que los niños desarrollen un buen esquema corporal y puedan transferirlo a su manera de cantar deben conocer y desarrollar progresivamente los siguientes aspectos.

❏ **Conocimiento del propio cuerpo:** los niños van conociendo su cuerpo y su voz de dos maneras:

▶ Consciencia y conocimiento corporal: aprenden a situar las diferentes partes del cuerpo implicadas en la producción de la voz, a diferenciarlas y a sentir su papel.

▶ Control corporal: independizan los movimientos y disponen de su cuerpo en función de la acción planeada a través de actividades que permiten descubrir la amplia gama de posibilidades vocales y corporales

❏ **Actitud tónica:** hace referencia a «la tensión ligera» a la que se haya sometido todo músculo en estado de reposo (tono de reposo o sostén) y que acompaña también a cualquier actitud postural (tono de actitud) y cinética (tono de acción o movimiento). Esta tensión puede ir desde una contracción exagerada (paratonía o catatonía), hasta una descontracción (hipotonía), siendo variable en cada músculo o grupo muscular.

Sin esta actitud tónica adecuada a la hora de cantar es difícil adquirir un gesto vocal equilibrado. Generar buenos patrones musculares a la hora de cantar producirá una buena memoria muscular y esto facilitará el desarrollo del canto en los niños a lo largo del tiempo.

❏ **Relajación:** la capacidad de relajarse hace referencia a la acción y efecto de aflojar, soltar... con el objeto de buscar el estado de reposo muscular y mental. Es necesaria para conseguir una buena educación de la actitud tónica ya que facilita la percepción, el dominio del cuerpo y el control respiratorio. También es importante porque a través de la relajación es más fácil trabajar con su cuerpo.

La relajación se puede emplear para trabajar aspectos técnicos, emocionales y expresivos del canto. Se ha estudiado que el cerebro se activa de manera similar cuando se canta que cuando se imagina uno mismo cantado. Enseñar a los niños a relajarse, y en ese estado a trabajar con la imaginación de manera que puedan visualizarse mientras cantan, aprendan a percibir su cuerpo y su respiración de manera más consciente, a imaginar sonidos, a percibir sus emociones, etc., resulta una herramienta muy potente en las clases de música/canto.

Además, emplear la imaginación en estado de relajación es importante porque las voces de los niños tienen una resistencia limitada y por tanto no pueden cantar durante mucho rato seguido o sin hacer pausas. Alternar el trabajo mental con el trabajo físico mejorará su desarrollo muscular.

Hay numerosas técnicas que ayudan a adquirir la relajación: yoga, mindfullness, técnica Alexander, relajación progresiva de Jacobson, visualizaciónes guiadas, etc. Todas ellas son recomendables a cualquier edad y se pueden aplicar también a los niños.

❑ **Respiración:** este componente del esquema corporal vocal es fundamental en el caso del desarrollo de la capacidad de cantar por las connotaciones que tiene en la producción de la voz. Por otro lado, el trabajo de la respiración mejorará paralelamente el control de la ansiedad y la concentración.

2.2.2. El desarrollo motriz y su vinculación con el desarrollo vocal

Los niños deben desarrollar de manera paralela su esquema corporal general anteriormente descrito y su esquema corporal vocal.

El **esquema corporal vocal** hace referencia al «conocimiento propioceptivo» (de las sensaciones musculares profundas) que se perciben a distintos niveles corporales durante la producción de la voz, hecho que, unido a las sensaciones auditivas, permite su control (proceso de *feedback* o retroalimentación). Mejorar la percepción interna del sonido (que reciben por vía aérea y por vía ósea) y asociarla a un buen gesto vocal ofrece información fundamental en la construcción del esquema corporal vocal.

La voz es el principal instrumento que tienen los niños para aprender música y es por ello que los docentes deben entender que es posible construir un esquema corporal vocal a través de la adquisición de patrones musculares que generen un buen gesto vocal, que primero se establece, madura con la práctica y con la ayuda de la retroalimentación se perfecciona.

Sin embargo, los cambios anatómicos que se producen en el aparato fonador a lo largo del tiempo hacen necesario que ese esquema corporal vocal se vaya ajustando y modificando y por ello los docentes deben conocer las características fónicas de cada etapa y saber hacer las indicaciones oportunas para seguir produciendo un sonido saludable.

La manera en que se desarrolla la voz durante la infancia y la adolescencia, la cantidad de estímulos musicales que se hayan tenido y la práctica sostenida determinarán la competencia vocal que pueden llegar a desarrollar en cada momento. Se han establecido diferentes etapas del desarrollo de la vida para centrar los estudios sobre el canto en función del desarrollo vocal y las características vocales de cada etapa: primera infancia, segunda infancia y adolescencia.

La **primera infancia** es un periodo de crecimiento acelerado corporal y vocal, por lo tanto se observará una inestabilidad debida a los cambios fisiológicos y a la maduración (física y mental). Los niños aprenden a regular su mecanismo vocal y adquieren su voz cantada a través de la observación y la escucha. Los adultos deben cantarles con el fin de que vean los movimientos faciales mientras y los asocien a las melodías. Lo mismo sucede en el aprendizaje del habla, necesitan referencias cercanas para adquirir la motricidad necesaria para producir y coordinar sonidos concretos.

Conforme crecen, disponer de un buen modelo que les cante ayuda a establecer un buen esquema motor pero no es suficiente. Es necesario que exploren su voz adecuadamente a través de determinadas actividades para que la voz cantada se desarrolle y si los adultos de referencia hacen indicaciones sobre cómo mejorar estos sonidos, poco a poco se establecerá un buen gesto que permitirá el desarrollo del esquema corporal vocal.

La **segunda infancia** es la edad de oro del aprendizaje del canto, es un periodo de estabilización del crecimiento del aparato fonador y de mayor madurez (respecto al control motor y al desarrollo cognitivo) y esta realidad proporciona un marco fisiológico y mental adecuado para mejorar las habilidades para cantar con mayor precisión y desarrollar más intensivamente la voz cantada y las habilidades musicales.

De la misma manera que los niños, sobre todo a partir de la segunda infancia, pueden adquirir habilidades motrices que requieran una mayor precisión, como puede ser la práctica de deportes (fútbol, tenis, patinaje, baile, etc.) y que ese desempeño mejora con la práctica supervisada y guiada, los niños también pueden aprender a mejorar y perfeccionar su forma de cantar si reciben la retroalimentación adecuada. Los docentes (maestros, profesores de música, directores de coro, profesores de canto) deben realizar actividades que generen un buen gesto vocal el cual permita el desarrollo del esquema corporal vocal a lo largo del tiempo y no sólo actividades meramente musicales (canciones, melodías y ritmos).

La **adolescencia** vuelve a ser un periodo de inestabilidad vocal debido al crecimiento acelerado del aparato fonador y a la necesidad de que éste se estabilice muscularmente. Sin embargo, los niños que en la infancia han adquirido un buen gesto vocal y han desarrollado su esquema corporal vocal para cantar, tienen menos dificultad de adaptarse a los cambios en la adolescencia por varias razones:

- La musculatura se habrá desarrollado progresivamente y adecuadamente;
- A través de la práctica habrán desarrollado la habilidad para coordinar de manera más fina y precisa la producción de la voz cantada;
- Habrán mejorado y perfeccionado sus aptitudes musicales en cuanto al control vocal de la afinación y los ajustes necesarios para acceder a los diferentes registros;
- Habrán aumentado su capacidad de percepción del sonido vocal;
- Habrán aprendido a cuidar su voz.

Las familias y docentes deben explicar a los niños, antes de los 12-13 años el proceso del cambio de la voz, qué van a sentir y cómo van a percibir en su voz durante su adolescencia. Cuando se les explican las fases de la muda vocal y qué va a suceder con su voz cantada en cada una de estas fases, son capaces de adaptarse a los cambios con facilidad. Cuando los jóvenes entienden que la muda vocal es parte del proceso de crecimiento y que no van a perder la voz ni su capacidad de cantar, son capaces de mejorar sus habilidades sin exceder los límites fisiológicos que la voz les impone en cada momento. Con ayuda del profesor de canto serán capaces de cantar canciones en los tonos más adecuados en cada momento. Elegir un repertorio adecuado y en los tonos correctos les ayudará a mantener la curiosidad, a explorar su voz, a percibir nuevas sensaciones, etc.

El establecimiento de un buen gesto vocal permite, en cualquier etapa, el desarrollo del esquema corporal vocal y el docente puede adaptar la enseñanza del canto a las características evolutivas de los niños y adolescentes en función de su desarrollo, la adquisición de aptitudes musicales y vocales y los principios anatómicos y fisiológicos que rigen el funcionamiento de la voz (postura, respiración, emisión vocal, resonancia, dicción, afinación).

Por lo tanto se ha de diferenciar entre enseñar a cantar entendiéndolo como la adquisición de un esquema corporal vocal saludable, de enseñar a cantar un determinado estilo musical (lírico, rock, etc). Se puede emplear un repertorio variado siempre y cuando se respeten las características fónicas (el sonido característico de los alumnos dependiendo de la etapa vocal en la que se encuentren) y se adapte al grado de desarrollo vocal y musical de los niños en cada etapa.

Consecuentemente, la elección del estilo o el repertorio que se interprete, en el caso de niños y adolescentes, debe quedar en un segundo plano y quedar supeditada a la consecución del objetivo de adquirir y desarrollar ese esquema corporal vocal respetando las características físicas y mentales del alumnado.

De la misma manera que en otras disciplinas artísticas y en la interpretación de otros instrumentos, es el instrumento y el enfoque didáctico el que se adapta al niño sin renunciar a la adquisición de unas competencias básicas, en el canto debemos entender que la voz es un instrumento en un cuerpo de niño que se puede mejorar y desarrollar.

2.3. La esfera mental. El desarrollo cognitivo

2.3.1. El desarrollo cognitivo

Aprender algo, en términos neurobiológicos, significa cambiar el cerebro, hacer nuevas conexiones neuronales y fortalecerlas con la práctica y la repetición. El ser humano tiene la capacidad de aprender y modificar su cerebro durante toda su vida pero es en la infancia cuando se producen mayor número de conexiones neuronales que tiene su pico máximo a los 11 años. A partir de esta edad empieza la etapa de modelado cerebral en la que se produce una poda neuronal, es decir, aquellas conexiones que no se ejercitan se van debilitando hasta perderse. Esto quiere decir que existe a partir de la adolescencia un cierto riesgo de abandono de aquellas actividades que no se hayan establecido consistentemente a través de la práctica mantenida a lo largo del tiempo, incluido el canto.

El aprendizaje es un proceso multisensorial, sobre todo en las fases más tempranas. Los sentidos despiertan al niño al mundo exterior y las emociones a su mundo interior. Estas últimas encienden la llama de la curiosidad que a su vez es la fuente de la atención sostenida, aspecto esencial para el aprendizaje pero si una acción no se repite es imposible que se impregne en la memoria a largo plazo y por tanto que el aprendizaje se asiente.

La memoria es como el guardián de aquello que se aprende, pero para conservar lo aprendido se debe encontrar utilidad y sentido y repetirlo para que las conexiones neuronales se estabilicen. La experimentación provoca un proceso de ensayo error en el que la persona establece representaciones mentales sobre los procesos y los resultados, de manera que aprende a ajustarlos.

En todo proceso de enseñanza-aprendizaje es necesario establecer una buena relación con el error. Las personas que no tienen miedo a experimentar y a equivocarse, que no vinculan el error con sus capacidades y asumen que es parte del proceso, establecen relaciones positivas y una buena actitud a la hora de aprender en general.

El desarrollo cerebral no es continuo, homogéneo ni sincrónico consigo mismo y con el tiempo. Los programas del genoma que dirigen dicho desarrollo tienen ventanas que se abren en un momento determinado y es en ese momento cuando cierta información del entorno (sensorial, motora, familiar, social, emocional, de razonamiento, musical...) puede entrar por ellas. Ningún momento es más óptimo que ese, pues esas ventanas abiertas se cierran con el paso del tiempo para dar paso a la apertura de otras.

La ventana de oportunidades del aprendizaje musical y el desarrollo de las aptitudes musicales está abierta desde el nacimiento hasta los 10 años. Esto no quiere decir que no se pueda aprender música a partir de esa edad, el cierre de la ventana representa una dificultad para aprender y no el impedimento de dicho aprendizaje, pero sí que nos advierte que si no se estimula al niño durante ese periodo, después, el aprendizaje se dará más lentamente y las aptitudes musicales no aumentarán, sólo será posible desarrollar las aptitudes musicales que se hayan adquirido hasta esa edad.

Las respuestas del cerebro pueden evolucionar de manera diferente en el transcurso de un año, según los niños hayan sido formados o no en el conocimiento y la experiencia musical. Estos cambios tienen una relación directa con las mejores habilidades cognitivas constatadas en los niños que practican la música, lo que constituye una evidencia de que el aprendizaje musical tiene un efecto positivo sobre la memoria y la atención.

El cuerpo calloso, la parte del cerebro que une los dos hemisferios, aumenta su tamaño un 25% con la práctica musical sostenida en el tiempo en los niños de entre 6 y 9 años y las personas que empiezan sus estudios musicales antes de los 7 años tienen un cuerpo calloso en la edad adulta más grande que aquellas que no han estudiado música.

Estos y otros hallazgos indican la conveniencia de que la enseñanza musical sea parte medular en la formación integral del ser humano. No solamente por sus repercusiones en el desarrollo de competencias cognitivas y emocionales sino por la importancia intrínseca de la música en aspectos fisiológicos, individuales y sociales.

La música no es el privilegio de una minoría sino una actividad natural de la humanidad en su conjunto. El componer, interpretar y/o escuchar la música implica, de base, una habilidad musical que, de alguna u otra forma, todos los seres humanos compartimos.

2.3.2. Desarrollo de las aptitudes musicales

La adquisición de aptitudes y competencias musicales siguen unas pautas de evolución comunes, en las que confluyen las aptitudes personales, los estímulos externos más o menos dirigidos y la influencia del entorno sonoro más próximo. Entender cómo se produce el desarrollo musical y las fases que atraviesa es fundamental para saber qué se le puede pedir a los niños en cada momento y cómo se debe intervenir.

La teoría del aprendizaje musical en la infancia (Music Learning Theory) desarrollada por Edwin Gordon proporciona una guía indispensable para los educadores musicales en cuanto a la comprensión del proceso por el cual se procesa mentalmente la música y cómo se desarrollan las aptitudes musicales en los niños.

Las aptitudes musicales son un conjunto de capacidades que, al igual que otras cualidades humanas, posee toda la población al nacer en mayor o menor medida, está dentro del bagaje genético de las personas pero como sucede con otras capacidades humanas, sin la influencia del entorno no se desarrollan por completo. Cuanto más rico y variado sea el entorno musical del niño y antes se vea expuesto a ese contexto musical, mayor será el nivel de aptitud musical que alcance.

Gordon establece siete aptitudes básicas: dos tonales (melodía y armonía), dos rítmicas (tempo y compás) y tres de musicalidad (fraseo, estilo y equilibrio).

Los postulados de Gordon no son un método sino una base de conocimiento sobre cómo aprendemos música, por lo tanto los principios son aplicables a diferentes metodologías de aprendizaje musical.

Gordon observó con claridad las enormes semejanzas que existen entre cómo aprenden los niños a hablar y cómo se aprende música sobre todo a través del canto y del movimiento. Los niños adquieren el lenguaje porque desde que nacen escuchan hablar constantemente durante sus dos primeros años de vida. Antes de que puedan articular palabras y construir su propio lenguaje hay un proceso de elaboración mental del sonido y el habla. Con respecto a la adquisición de la voz cantada y las aptitudes musicales sucede igual: sin una estimulación temprana de la corteza auditiva del cerebro, los niños no establecen ni desarrollan las conexiones neuronales necesarias para un adecuado desarrollo musical.

Gordon propone unas directrices que permiten secuenciar el aprendizaje de acuerdo a cómo el cerebro percibe y aprende música. Los puntos más importantes son:

1. Para expresarse, sea hablando o con música, se necesita primero un vocabulario, aunque sea rudimentario.
2. El cerebro percibe grupos de significado: motivos o patrones tonales y rítmicos, no notas individuales, al igual que en el lenguaje distingue palabras y no letras o sílabas.
3. El cerebro aprende cosas nuevas –sean palabras o fragmentos musicales– dentro de un contexto (este contexto lo da la música de cada cultura: la nuestra está basada en la tonalidad).
4. El cerebro percibe lo que es un elemento sonoro mediante el contraste con aquello que no es, por lo que contrastar un modelo es esencial para el aprendizaje.

5. La música es sonido y movimiento, por lo tanto el aprendizaje debe basarse primero en lo auditivo y en el movimiento del cuerpo.

6. El cerebro aprende fijándose primero en la totalidad, luego en las partes, y después otra vez en la totalidad.

La teoría del aprendizaje musical se basa en las observaciones del proceso mental que se producen cuando se escucha música y cómo poco a poco se les da sentido de manera que se logra adquirir la habilidad de imaginar y pensar en términos musicales. A este proceso mental le denominó *audiation*, término que no tiene traducción pero que es equivalente al desarrollo del oído interno descrito por otros pedagogos. Gordon considera la *audiation* la base de la aptitud musical y la describe como la capacidad de oír y sentir la música cuando el objeto sonoro no está presente.

Gordon desarrolló varios test para valorar la aptitud musical y el nivel de adquisición de la *audiation* en los niños y descubrió que el desarrollo de las aptitudes musicales aumenta desde el nacimiento pero se estabiliza sobre los 9 años. A partir de esa edad se podrá incrementar la competencia musical por la práctica pero las aptitudes musicales ya no aumentarán por más estímulos musicales que se tengan aunque sí podrán perfeccionar sus habilidades musicales a través de la práctica.

Gordon distingue entre aptitud musical y conocimiento musical porque la *audiation* está más relacionada con la capacidad de oír internamente la música y comprender el contexto musical que con el «saber sobre música». La adquisición de la *audiation* es el primer requisito en la educación musical formal y sucede cuando se aprende a dar significado a la música basándose en la experiencia y conocimiento (con la particularidad añadida del ritmo, que debe aprenderse a través del movimiento).

Las aptitudes musicales y la *audiation* se desarrollan mediante el conocimiento y la práctica sistemática y secuenciada de los patrones tonales y rítmicos que son el equivalente a las palabras. Cuanto mayor sea el vocabulario de patrones y cuanto más se aprenda sobre cómo combinarlos siguiendo la sintaxis musical, mayor será la capacidad tanto para entender como para producir la música. Con un buen desarrollo de la *audiation* será posible el desarrollo de habilidades musicales como cantar o tocar un instrumento desde la comprensión musical y no desde la imitación o la lectoescritura.

Existen diferentes tipos y estadios de *audiation*. Antes de adquirir la *audiation* los niños establecen las bases a través de lo que denomina *pre-audiation* que se produce de manera informal en las familias y entornos musicales y educativos en la primera infancia.

La rapidez con la que los niños pasan de un tipo de *pre-audiation* a otra está determinada por el grado de desarrollo musical y físico de los niños, en combinación con la estimulación musical global que reciben en casa y en el jardín de infancia o en el colegio. Hay que tener presente que no se debe forzar al niño a aprender, pero sí instarle y permitirle que explore todo lo que sea capaz. Los niños deben escuchar música interpretada principalmente por la voz y lo más variada posible en cuanto a métrica y modalidad.

Las fases por las que los niños pasan en la *pre-audiation* se suceden de manera secuencial, es decir, es necesario adquirir y consolidar las habilidades de una fase para pasar a la siguiente. Una vez completadas las siete fases de la *pre-audiation* durante la primera infancia los niños están en condiciones de adquirir la capacidad de *audiation* y de recibir una educación musical formal en la segunda infancia.

La realidad es que los docentes se encuentran en las aulas niños y adolescentes de la misma edad en diferentes fases de su desarrollo musical según la cantidad de estímulos musicales que hayan tenido y no por una carencia de capacidades. Por esta razón es mucho más práctico que el docente sepa cómo se desarrollan las aptitudes musicales, es decir, conozca las etapas que atraviesan los niños en dicha adquisición para poder emplear determinadas estrategias y actividades que le faciliten asumir a la siguiente fase de desarrollo musical.

El objetivo de las sesiones de música por tanto no debe estar exclusivamente centrado en el aprendizaje de canciones o repertorio sino en mejorar la comprensión musical. En la línea de otros pedagogos como Willems o Kodály la canción debe ser la base para el desarrollo de la capacidad de comprender la música como un lenguaje en sí mismo con el objetivo de que las personas sean capaces de crear y de expresarse a través de ella.

3

LA VOZ CANTADA

3.1. Cómo se produce la voz cantada

No existe una única zona en el cerebro responsable del canto sino que es una actividad que requiere de la activación de una compleja red neuronal subyacente. Cantar implica un desarrollo cognitivo progresivo de la capacidad de percibir sonido y escucharlo, retenerlo en la memoria y recordarlo, coordinar el cuerpo y la mente para reproducirlo con la voz y evaluar el resultado y realizar una representación mental del proceso. A su vez intervienen el sistema límbico responsable de las emociones y las áreas del procesamiento del lenguaje cuando se canta con letra. Identificar y describir los componentes de estas redes neuronales y su conectividad es esencial para comprender cómo se debe enseñar a cantar.

La adquisición de la voz cantada es un continuum desde que se nace. La construcción de toda esta red neuronal depende del desarrollo general de los niños y de los estímulos que reciben en cada momento.

Todos los niños pueden establecer su voz cantada y desarrollar las aptitudes musicales. Lo lógico es que ambos tipos de aptitudes (vocales y musicales) se desarrollen paralelamente desde la niñez pero para que esto suceda es necesario, por un lado, la estimulación del entorno y, por otro, la práctica mantenida en el tiempo. Si los niños aprenden música cantando o simplemente cantan por placer durante toda su infancia, su capacidad de cantar irá aumentando y se desarrollarán las posibilidades de la voz en cada momento.

Cantar no deja de ser un aprendizaje motriz en el que la práctica y la experiencia acumulada mejora las habilidades y la competencia de la ejecución. Este aprendizaje se produce siguiendo una serie de principios basados en el análisis de los mecanismos neurológicos y cognitivos. Aunque las aptitudes para cantar estén determinadas por factores internos y externos a la persona, sin práctica sostenida, el aprendizaje neuromuscular y mental no se desarrolla y no se establece permanentemente.

Si el entorno no es suficientemente estimulante y los niños dejan de cantar durante un periodo largo de tiempo o esta práctica es insuficiente, es muy posible que las conexiones neuronales que permiten el desarrollo del canto se debiliten y por tanto sea necesario que los docentes intervengan en el restablecimiento de la red neuronal mediante ejercicios que estimulen y restablezcan las conexiones neuronales responsables de la voz cantada.

La práctica musical produce cambios en la estructura cerebral en función del grado de entrenamiento musical. A más entrenamiento, más eficiencia del sistema nervioso: unos segundos de práctica bastan para aumentar la eficacia y la conectividad de las neuronas; un entrenamiento de días aumenta la cantidad y el tamaño de las dendritas; un entrenamiento de varias semanas mejora la mielinización de los axones; si el entrenamiento se mantiene varios meses aumenta la interacción de las células gliales y la capilarización del tejido cerebral es más eficiente. Por lo tanto se puede afirmar que la música estimula la plasticidad cerebral y que sin la práctica regular no se produce un aprendizaje estable.

El mecanismo neurológico que permite la voz cantada es complejo y ha sido teorizado con por Dalla Bella, Giguere, & Peretz, en el 2007 con el denominado «bucle vocal sensorio-motor» (*Sensorimotor vocal loop*), es decir el mecanismo cerebral responsable de producir la voz cantada en el que la información auditiva se traslada a los movimientos del aparato fonador mientras se canta. El cantante autoevalúa constantemente el resultado sonoro que produce y lo compara con la representación interna que tiene en su memoria. Según este modelo, el bucle de cantar empieza:

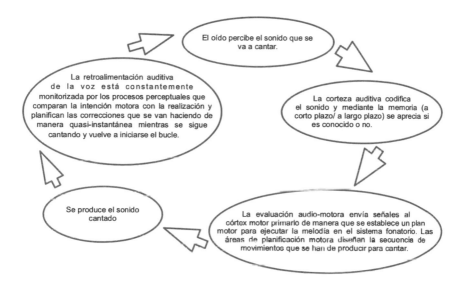

La interrupción de cualquiera de estas fases del bucle tendrá como consecuencia una falta de pericia al cantar. Cuando los docentes evalúan si este bucle sensorio-motor está bien establecido pueden observar si las dificultades de los alumnos son debidas a una escasa memoria musical (cantidad y calidad de referencias sonoras internas y *audiation*), a una falta de control motor del aparato fonador (mal gesto vocal) o a una retroalimentación insuficiente (distorsión en la percepción del sonido que produce o falta de feedback del docente).

▶ Memoria musical y audiation:

Aumentar la comprensión y la memoria musical es fundamental para enriquecer la corteza auditiva, dicho en otras palabras, el alumno debe tener información auditiva en cantidad y calidad en su memoria a largo plazo o metafóricamente hablando, su «disco duro», para poder aplicarla a su voz. En el desarrollo de la percepción de la música juegan un papel esencial la experiencia, el entrenamiento y la memoria musical.

Control motor del aparato fonador

La activación de los mecanismos que producen la voz y sus ajustes son esenciales en el desarrollo de la voz cantada. En la fase de planificación motora del bucle se establece la secuencia de acciones que han de sincronizarse para producir la voz. Esta secuencia de acciones es lo que se conoce como «esquema motor» y es lo que permitirá un uso eficiente de la voz y un buen gesto vocal.

En el caso de la voz este esquema motor básico tiene estas fases:

Inspiración del aire desde la boca o nariz hacia los pulmones

Activación de los músculos espiradores responsables del control del soplo y se genera la columna del aire.

La corteza auditiva elabora la orden cerebral del sonido a producir, se activan las cuerdas vocales y el aire al pasar por las mismas produce la vibración.

El aire transformado en sonido se propaga por el tracto vocal transformando la onda sonora. El cantante controla el movimiento de las estructuras del tracto vocal para cambiar el timbre o producir palabras.

El cantante obtiene información muscular, propioceptiva y auditiva que genera una sensación global de cómo suena su voz.

La retroalimentación, condiciona el desarrollo motor futuro. La práctica fortalece las conexiones neuronales. Es necesaria la retroalimentación del docente.

También es importante tener en cuenta las fases por las que pasará el alumno en proceso de aprendizaje de ese esquema motor:

Fases del aprendizaje motor

Características generales	Aprendizaje del gesto vocal
Fase 1 · Comprensión del esquema motor. · Construcción de la representación mental del proceso y del resultado · Al alumno le cuesta seleccionar información. · Existe descoordinación porque no existe la anticipación. · El docente debe aportar la información mínima necesaria, de manera escueta y centrada en movimiento muscular concreto · Es de gran ayuda un buen modelo.	· Conocimiento del esquema motor del canto con experiencias variadas y positivas. · Experimentación vocal y toma de consciencia de las acciones. · El gesto vocal tiene una consistencia pobre (conexiones neuronales débiles). · Se observa: desajuste en el esfuerzo, escasa disociación y movimientos involuntarios de otras partes del cuerpo. · El control es más visual/auditivo que desde el propio cuerpo. · Tienden a imitar, el docente debe ofrecer un buen ejemplo vocal y explicar cómo ha producido el sonido.
Fase 2 · El alumno debe conocer el ideal a conseguir para poder comparar su acción con el modelo. · El aprendizaje motriz gana en consistencia, se produce: disociación de las acciones, desaparecen los movimientos involuntarios, aumenta la sincronización de las partes del cuerpo y mejora la coordinación corporal. · Mejora la atención porque la práctica permite automatizar acciones y sensaciones de manera que se puede dirigir la atención a otros aspectos.	· La práctica variada y sostenida en el tiempo, el análisis de la acción y sus resultados permite construir una representación de cómo se produce su voz y cómo mejorarla. · Pueden cantar de manera equilibrada, sin tensiones y con un buen control motor. · Necesitan correcciones precisas que le permitan corregir las posibles divergencias entre lo que hacen y el objetivo que deben lograr.

| Fase 3 | • Se domina la acción motriz, se automatiza y se perfecciona.
• La retroalimentación estará dirigida a los detalles y a integrar aspectos musicales y emocionales a la práctica. | • Se canta de manera fluida y con economía de movimientos.
• Se establece un buen gesto vocal, el alumno disfruta de la actividad porque se siente seguro y tiene los recursos neuromusculares necesarios para aplicarlos de manera continuada. |

Parálisis por análisis

En el proceso es importante resaltar que en muchas ocasiones se producirá un fenómeno conocido como «parálisis por análisis». Este suceso se da cuando se piensa en cada componente del esquema motor de la acción separadamente mientras se realiza, ésta puede verse bloqueada o ralentizada. Es muy frecuente en las clases de canto cuando se está adquiriendo o perfeccionando el esquema motor a través de ejercicios vocales o canciones.

Para solventar esta cuestión se debe ayudar a planificar la acción motora previamente y descargar al alumno del proceso de evaluación mientras realiza la acción, dándole la confianza en que el profesor le ayudará a mejorar. Para explicar esta cuestión, es aconsejable establecer el símil entre crear un buen gesto vocal como lanzar una pelota a una canasta: uno debe prepararse para la acción pero una vez lanzada la encestará o no, de manera que lo único que podrá hacer será ajustar el movimiento en el siguiente intento. En el caso del aprendizaje del canto, es importante no estar evaluando constantemente cada nota que se hace y centrarse más en la coordinación de los movimientos.

Detrás de este exceso de evaluación suele existir una mala relación con la posibilidad de cometer errores o fallar provocada por diferentes causas. Para ello es conveniente dar la bienvenida al error y a la imprecisión como una manera de descargar mentalmente el proceso en aras de alcanzar el ideal neuromuscular.

Si el alumno tiende a evitar el error puede ser por múltiples y variadas razones: se siente mal si se equivoca, piensa que si lo hace mal va a recibir una respuesta negativa, el entorno valora más los resultados que el proceso, quiere evitar una evaluación/nota negativa, quiere demostrar a su profesor o familia que lo hace bien... Todas ellas contribuyen al bloqueo.

El profesor ha de dar permiso para experimentar y todos los sonidos son bienvenidos porque de todos se puede aprender algo. Es responsabilidad de los docentes generar un contexto emocional positivo, proporcionar una retroalimentación concreta, objetiva y positiva al mismo tiempo que se favorece y propicia la experimentación para probar cosas nuevas y hacer cambios.

▶ Retroalimentación o *feedback*

El papel de la retroalimentación en el establecimiento del bucle vocal sensorio-motor tiene dos vertientes. Por un lado la autoretroalimentación y análisis del propio cantante mientras canta, que le permite realizar ajustes vocales gracias a ese análisis y por otro lado la retroalimentación que puede hacer el profesor para perfeccionar esos ajustes.

Es necesario desterrar la idea de que los niños aprenden a cantar por sí mismos y que no es necesario intervenir pedagógicamente y asumir de una vez por todas que el aprendizaje vocal dirigido y planificado es posible y necesario.

La práctica sostenida en el tiempo es fundamental pero no suficiente, sin una buena retroalimentación cuando se canta, los niños no aprenden a dominar su voz. También es de gran ayuda para alumno y profesor grabar los ejercicios, las clases o los conciertos para poder hacer un análisis que permita un incremento de la autonomía.

Debido a que el sistema fonador de los niños evoluciona con la edad, los profesores deben ayudarles a hacer los ajustes necesarios para reequilibrar su voz, aprender nuevos recursos vocales y entender qué pueden hacer con su voz en cada momento.

Sin esta retroalimentación (musical, muscular o perceptiva) los alumnos tendrán dificultades para ajustar y mejorar su voz cantada a lo largo de las diferentes etapas. La retroalimentación ofrecida debe perseguir objetivos determinados en el proceso de aprendizaje, debe realizarse de manera positiva y debe fomentar la superación personal.

Existen diferentes tipos de *feedback* que se han de dar de manera continua en las clases:

Descriptivo	Se emplea para comparar la realización con el objetivo ideal
Evaluativo	Indica en qué medida la acción inicial se acerca a la ideal. El docente indica el error y la causa del mismo.
Prescriptivo	El docente indica las actividades a realizar y el objetivo a conseguir. Se debe reflexionar en qué medida y orden se han hacer las correcciones y las actividades. Los ejercicios han de ser concretos. Puede ser necesaria la repetición para poder realizar los ajustes necesarios.
Interrogativo	Tras hacer los ejercicios es importante que el alumno verbalice las nuevas sensaciones propioceptivas y cómo se encuentra para que pueda integrar los nuevos aprendizajes y mejorar su gesto vocal. El alumno deberá repetir la acción mejorada de manera que el aprendizaje neuromuscular se perfeccione. Este *feedback* da información relevante al profesor sobre cómo el alumno percibe su voz, hecho que mejorará las futuras indicaciones que pueda realizar.

3.2. Cómo funciona la voz. Las estructuras anatómicas

Para comprender cómo se adquiere el aprendizaje neuromuscular necesario para cantar y cómo se desarrolla la voz hablada y cantada a lo largo de la infancia y la adolescencia es necesario conocer la relación entre los cambios anatómicos y las características fónicas que tiene la voz en cada etapa.

Se hace necesario acotar algunas de las nociones principales sobre el funcionamiento anatómico de la voz. La voz se produce como consecuencia del contacto del aire procedente de los pulmones con las cuerdas vocales que transforman ese aire en una onda sonora que se amplifica como consecuencia del contacto con las cavidades del tracto vocal.

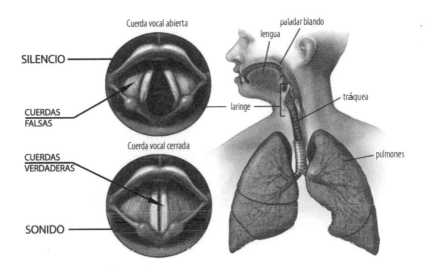

A: La primera zona es el sistema respiratorio formado por:

- la tráquea, los pulmones, el diafragma, la caja torácica (costillas y esternón).
- los músculos intercostales y la musculatura abdominal que permite el control de la espiración. Son músculos implicados en la espiración: el recto del abdomen, los oblicuos, el piramidal y el transverso del abdomen.

B. La segunda zona es el sistema emisor formado por las cuerdas vocales que se encuentran en la laringe. Es una válvula que se cierra al tragar y se abre para respirar.

La laringe es un órgano con características sexuales secundarias, cuya maduración transcurre paralela a la del diencéfalo, por eso las características de la voz son un fiel reflejo de la edad, del sexo y del estado de salud de una persona.

Las cuerdas vocales poseen las siguientes funciones:
- regular la respiración, permitir la entrada y salida del aire a los pulmones,
- evitar que entren sustancias extrañas en la vía respiratoria, es decir, cerrar la vía aérea durante la deglución para que la comida no entre en los pulmones,

- ayudar a hacer esfuerzos, mediante el cierre glótico,

- participar en el sentido del olfato,

- emitir sonidos para comunicarnos, los sonidos y palabras transmiten emociones y estados de ánimo y el canto es mucho más expresivo que el habla.

La laringe es una estructura cartilaginosa situada en la parte delantera del cuello que mediante la acción de los músculos intrínsecos permiten la producción de diferentes frecuencias (agudas-graves) al pasar el aire.

Los cartílagos de la laringe son:

- El cricoides, cartílago inferior de la laringe, es un anillo completo que se une a la tráquea en su parte inferior.

- Encima de él, en la parte posterior se encuentran los aritenoides (pequeños y muy móviles), son los responsables de juntar las cuerdas vocales para producir el sonido.

- Encima del cricoides, en la parte anterior está el cartílago tiroides (conocido como «nuez de Adán»).

- Conectado con el el cartílago tiroides, en la parte anterior está la epiglotis, cartílago que se mueve cuando se traga para evitar que la comida pase a la vía aérea.

En la parte superior de la laringe está el hueso hiodes que también está conectado con la base de la lengua. El hioides es el único hueso del cuerpo que no está conectado a otros huesos.

La laringe se puede desplazar en el cuello hacia arriba (cuando se traga) y hacia abajo (cuando se bosteza o se aspira aire). Sin embargo para cantar se ha de mantener en la posición de equilibrio (posición de la risa). A partir de los 10 años el cartílago tiroides puede vascular hacia delante, es decir, inclinarse sobre el cricoides (*laringeal tilt*) permitiendo que las cuerdas vocales se estiren para poder acceder a notas más agudas, hecho que tiene una gran importancia en la formación de los registros vocales.

Las cuerdas vocales se desarrollan con el tiempo tanto a nivel muscular como en cuanto a la diferenciación de sus cinco capas (mucosa;

lámina propia que consta de la lámina propia superficial o espacio de Reinke, la lámina propia media y la lámina propia profunda o ligamento vocal; y el músculo vocal). Si no se canta durante la infancia y la adolescencia no se produce la diferenciación celular necesaria para que se creen las diferentes capas.

La vibración de las cuerdas vocales puede producir sonidos agudos cuando se estiran (músculos cricotiroideos) y graves cuando se contraen (músculos tiroaritenoideos).

C. La tercera zona es el tracto vocal. El tracto vocal, es un tubo que se extiende desde las cuerdas vocales hasta los orificios de la nariz y los labios. Está compuesto por la faringe, la boca, la lengua, los labios, el velo del paladar y la nariz. El sonido vocal cambia su componente tímbrico cuando las estructuras del tracto vocal cambian su posición o su tono muscular. Esto da una gran variabilidad de posibilidades que tendrán como consecuencia la producción de un sonido más o menos eficiente en función de la posición y el grado de tono muscular de las diferentes partes.

El espacio que puedan generar la mandíbula, la lengua y el velo del paladar determinar las cualidades resonanciales de la voz y el brillo/estridencia o la calidez del sonido. Un tracto vocal pequeño o acortado producirá sonidos más estridentes, un tracto vocal grande o alargado provocará sonidos más resonantes.

- El paladar blando o velo del paladar es una parte móvil que puede abrir o cerrar la cavidad nasal permitiendo que el sonido se amplifique en las cavidades de la nariz o no. El velo del paladar ha de mantenerse móvil y flexible. Fijar la posición el velo del paladar en la posición del bostezo (indicación bastante común a la hora de enseñar a cantar) con el fin de crear más espacio en el tracto vocal es un grave error pedagógico que lleva a producir compensaciones musculares y un sonido artificial. El movimiento del velo del paladar ha de trabajarse con el fin de conseguir sonidos orales y/o una mezcla nasal-oral que es usado en algunos estilos modernos. Sin embargo, los sonidos nasales, han de ser evitados cuando se canta porque van en contra de un funcionamiento eficiente del tracto vocal. No se ha de confundir por tanto un sonido nasal con la sensación de vibración a través de la nariz. Esta última es deseable y es producto de la vibración por simpatía de los huesos del paladar duro y el cráneo (senos faciales incluidos).

• La faringe es el espacio que hay en la parte posterior de la boca, entre el cráneo en la parte superior y la laringe en la parte inferior. En el acto de tragar se puede sentir la contracción de los músculos constrictores de la faringe, el ascenso de la laringe, la elevación del velo del paladar y la acción de la lengua. Es la parte que contribuye a crear gran parte de la resonancia de la voz ya que los grupos de armónicos propios de una frecuencia son propios de esta cavidad. Los ejercicios de entrenamiento vocal deben contribuir a la fortalecer los músculos de la faringe para dar solidez a esos armónicos pero deben evitar tensiones excesivas.

• La posición de la mandíbula es fundamental para determinar la posición y la flexibilidad de la lengua y la laringe por la conexión de los músculos responsables de su movimiento. Hay que evitar tanto una abertura excesiva como mínima porque son perjudiciales para producir un buen sonido. La mandíbula debe abrirse en vertical (sin adelantarla o atrasarla) y notando que en las vocales /a/, /o/ y /u/ se puede sentir la abertura desde la articulación del maxilar, poniendo los dedos en el espacio que se abre delante de las orejas. Para todo ello es indispensable una buena relación cabeza-cuello con lo que se puede entender la importancia de una buena postura para cantar. Una mandíbula libre de tensiones puede colgar relajadamente y abrirse en función de la vocal producida, la frecuencia y la dinámica que se cante. La tensión se observa porque la persona no la puede mover con facilidad o la mantiene retraída. También se puede observar la rigidez en la lengua (dificultades para articular) o la falta de movilidad de la laringe.

• La lengua es una gran masa de músculo de movimiento extremadamente complejo. La parte posterior de la lengua está conectada con el hueso hiodes, por ello toda tensión de la lengua tendrá un efecto negativo sobre la movilidad de la laringe. La posición de la lengua puede afectar a la resonancia si se eleva la parte posterior o se retrae (es decir, se desplaza hacia atrás) porque al variar el espacio y la tensión muscular se modifican los armónicos. Por otro lado, mantener permanentemente la laringe descendida (como algunos pedagogos indican entendiendo mal el concepto de ampliar el tracto vocal) tiene un efecto negativo sobre la lengua. La laringe ha de mantenerse mayormente en la posición de equilibrio que no es otra que la altura de la laringe cuando se ríe y sólo en algunos momentos puntuales (en la producción de notas muy agudas) se ha de reforzar la emisión buscando un descenso leve de la laringe. Si existe, se puede sentir la tensión de la lengua poniéndose un dedo debajo del mentón, delante de la mandíbula. No hay una posición exacta de la lengua, se ha de mantener flexible y ágil con el fin de producir vocales y consonantes de manera eficiente.

• La estructura ósea no modifica el sonido pero sí lo propaga y ofrece al cantante gran información sobre una producción saludable del sonido, además de contribuir al timbre característico de la persona. Se puede sentir la vibración en las mejillas, donde tenemos los senos maxilares (hueso hueco), y en la frente, donde tenemos los senos frontales. El seno esfenoidal, situado encima de la faringe contribuye a la propagación de la onda sonora pero el cantante no asocia tan fácilmente las sensaciones. Por otro lado, la ausencia de sensaciones vibratorias en la cara no es indicativo de que se esté produciendo un sonido desequilibrado. Estas sensaciones deben ser exploradas con ayuda de un profesor de canto. Proyectar la voz no es hacer un sonido más fuerte sino realzar ciertas frecuencias (armónicos) del sonido para crear un sonido que «corre», que se proyecta y se amplifica en el espacio. Es la mejor manera de crear un sonido potente con el mínimo esfuerzo y es el resultado de un equilibrio vocal.

3.3. Cómo se produce un buen gesto vocal que desarrolle el esquema corporal vocal

3.3.1. Principios del desarrollo muscular

Los docentes deben tener en mente los principios del desarrollo muscular para planificar una práctica saludable y respetuosa con las voces de los niños y adolescentes. El tipo de ejercicios que se hacen en una clase de canto y su secuenciación son importantísimos pero más importante que los ejercicios que se hacen es la manera en que se llevan a cabo.

Los principios del desarrollo muscular son:

- **Principio 1**: El desarrollo muscular lleva su tiempo. En una manera sana de cantar hay un equilibrio en la presión del aire que permite a las cuerdas vibrar sin necesidad de añadir un exceso de esfuerzo muscular. La adición de un exceso innecesario de tensión puede resultar dañino para las cuerdas vocales. Un ejercicio deja de ser beneficioso si se excede la capacidad muscular, sin embargo se podrá intensificar de manera progresiva.

- **Principio 2:** El trabajo progresivo de la musculatura aumenta la fuerza de la misma. Existe un principio llamado sobrecarga que quiere decir que cuando los músculos se llevan al límite (sin excederlo), al llamado «punto de fatiga», se aumenta la fuerza. Los cambios en la potencia vocal requieren del entrenamiento de la coordinación de los músculos isométricos vocales.

- **Principio 3:** Cualquier entrenamiento muscular requiere mantenimiento. Para que el entrenamiento sea exitoso, se debe mantener un cierto nivel de regularidad en el mismo. Los músculos deben ser frecuentemente ejercitados para mantener su habilidad y poder afrontar los niveles de actividad crecientes.

- **Principio 4:** Los posibles daños musculares impiden el progreso. Se han de respetar las limitaciones del cuerpo en cada momento para no dañar la voz. No se debe cantar si se está enfermo. Un incremento de actividad (aumento de ensayos/conciertos) o de dificultad debe ser planificado en el tiempo por un profesor para no sobrecargar el sistema y evitar lesiones.

- **Principio 5:** Los niños necesitan la guía de un profesional. Es necesario que los profesores de canto protejan la salud vocal de los niños. Los niños que quieren aprender a cantar deben hacerlo bajo la supervisión de un profesor de canto cualificado.

3.3.2. Características fónicas de la voz

La ciencia nos ha dotado de algunas herramientas y parámetros que permiten valorar la adquisición del esquema corporal vocal. Estos parámetros o características fónicas están totalmente vinculadas con el apartado anterior y han permitido el estudio sistemático de la voz. Los docentes de música y canto han de plantearse cuestiones relativas a: las características evolutivas del niño y qué aspectos sobre el desarrollo de la voz incluidas las limitaciones que pueden existir en cuanto a su desarrollo vocal y musical, qué repertorio es el aconsejable y en definitiva, cuáles son los recursos más adecuados para lograr un aprendizaje significativo adaptado a las características de los niños/as y adolescentes. Los parámetros fónicos serán una guía fundamental para seleccionar el repertorio, plantear ejercicios y juegos vocales y entender los procesos de cambio fisiológico.

En cada etapa se especificarán cómo se modifican estos parámetros:

- *Frecuencia fundamental del habla,* es la frecuencia en la que la voz se produce de manera más cómoda. Varía a lo largo de la vida debido a la posición en el cuello y tamaño de la laringe. Se determina con el ejercicio de contar hacia atrás, desde diez hasta cero, de manera que el alumno, al estar más pendiente de la cuenta, utiliza un tono monótono que se corresponde con esta frecuencia fundamental del habla. Es especialmente importante en el diagnóstico de las etapas de la muda vocal en la adolescencia.

- *Extensión o frecuencias disponibles.* Es el conjunto de frecuencias (notas) desde la más grave a la más aguda que se puede emitir. Varía en función de la edad y puede verse condicionada por el entrenamiento vocal, es decir, hay personas que si no descubren los mecanismos de funcionamiento de la voz no pueden acceder a determinadas notas aunque sí que las tengan por naturaleza.

- *Tesitura o frecuencias accesibles.* Es un grupo más reducido de notas en las que la persona puede cantar de manera cómoda. También depende de la edad y puede verse condicionada por el entrenamiento vocal.

- *Registros.* Varían con la edad en función del desarrollo de las cuerdas vocales y las estructuras laríngeas.

- *Tiempo máximo de espiración y tiempo máximo de fonación.* Varían con la edad debido a la capacidad pulmonar y al desarrollo de los músculos espiradores.

Para los docentes es de gran ayuda tomar nota de dichos parámetros para conocer vocalmente a los alumnos y planificar la práctica vocal sistemática.

3.3.3. La construcción del esquema corporal vocal

El trabajo que debe desarrollar un docente de canto para asegurar una correcta adquisición del esquema corporal vocal se basa en los siguientes principios anatómicos y fisiológicos que permiten el aprendizaje de un buen gesto vocal:

A. Postura corporal

La postura condiciona la producción de la voz. Sin un buen equilibrio muscular que garantice a un buen reparto de tensiones en el sistema músculo-esquelético no es posible producir la voz de manera equilibrada.

La postura es un concepto dinámico y más una dirección del cuerpo que una posición. Mientras se canta se ha de observar que no existe rigidez en el cuerpo y que existe un equilibrio entre fuerza, resistencia y flexibilidad.

Los niños tienen un aparato vocal muy flexible pero poco desarrollado en cuanto a fuerza y resistencia, por lo tanto el docente debe tener en cuenta esto a la hora de diseñar las actividades y seleccionar el repertorio que no exceda sus capacidades. Los niños tienen también una autoconsciencia corporal limitada que desarrollan conforme van creciendo, por eso los docentes deben guiar y ayudar a los niños a ajustar su postura a su crecimiento y a su concepción espacial, para que desarrollen su esquema corporal progresivamente.

Al cantar se observa una buena postura:

⮑ *Relación cabeza-cuello:* la cabeza está alineada con el cuello de manera que el mentón no sobresale hacia afuera ni se hunde hacia dentro. El cuello está flexible y se puede mover mientras se canta.

⮑ *Torso-espalda:* los hombros no están adelantados ni levantados. El pecho está abierto manteniendo la posición de la espalda erguida como si fuera una marioneta de hilos. Hay un equilibrio entre la musculatura anterior y posterior del abdomen.

⮑ *Caderas:* en equilibrio de manera que cuando la persona está sentada puede sentir los isquiones (huesos de la cadera) en el asiento y cuando está de pie contribuye a la verticalidad del torso.

⮑ *Rodillas-piernas-pies:* piernas a la altura de las caderas para equilibrar el peso y rodillas en punto de equilibrio, no deben estar hiperextensionadas hacia atrás porque alteran todo el equilibrio postural.

EJERCICIOS

La postura se trabaja haciendo ejercicios en los que se van identificando las partes del aparato fonador y su relación con el resto del cuerpo a través del movimiento:

a. Ejercicios de percepción del cuerpo que comprendan el mayor número de sentidos incluidos el tacto y la vista, por lo tanto, rastrear las diferentes partes del cuerpo con las manos mientras el profesor las nombra (cara, cuello, hombros, brazos), hacer ejercicios en espejo (los niños imitan lo que hace el profesor o en parejas), percibir el cuerpo de manera estática y en movimiento sincronizando acciones, a través de ejercicios de masaje individual o en grupo, ejercicios con los ojos cerrados, etc.

b. Ejercicios de relajación e imaginación de su propio cuerpo (estático y dinámico) que aumenten su consciencia corporal. Esto redundará en un aumento de la capacidad de análisis de aquellas sensaciones que perciben mientras cantan que podrán incluir en su esquema corporal vocal. Existen diferentes métodos: mindfullnes, yoga, técnica Alexander, etc.

c. De estiramiento para revisar las posibles tensiones en cuello, hombros, espalda, piernas, etc. Se pueden hacer tumbados sobre una esterilla, sentados o de pie en estático o dinámico. Pueden emplearse pelotas de diferentes tamaños, bandas elásticas, aros y otros elementos que permitan los estiramientos sin producir compensaciones musculares. Son especialmente importantes los ejercicios faciales: mandíbula, lengua, labios, frente, etc.

d. Coordinación mente-cuerpo. Son aquellos ejercicios que incluyen tareas de sincronización de diferentes tipos de movimientos de las extremidades (percusión corporal) y/o de sincronización con el ritmo con el movimiento (hacer patrón rítmico con /Ts/, acompañar con gestos el canto, etc.).

B. Respiración

Cuando se explica la respiración que se emplea al cantar hay que hacer referencia a algunas cuestiones principales:

- *La inspiración ha de ser costal-diafragmática* y se puede percibir porque al inspirar el abdomen se ensancha como si fuera un flotador y las costillas se «abren». Los hombros y la caja torácica permanecen relajados, es decir, no se elevan. Es importante explicar que no hay que empujar la barriga hacia afuera sino sentir cómo se ensancha toda la musculatura abdominal.

• *La dinámica de la respiración y las partes del cuerpo que se movilizan.* El diafragma es una membrana que separa la parte superior del tronco de la inferior pero al mismo tiempo transmite la energía motriz entre ambas. La parte superior del tronco, la caja torácica (corazón y pulmones quedan protegidos por las costillas) queda separada de la inferior (estómago, hígado intestinos, etc. protegidos por la musculatura abdominal) por el diafragma, de manera que en la inspiración éste desciende provocando que el abdomen se proyecte hacia el exterior y durante la espiración el diafragma suba haciendo que el abdomen vuelva a su posición inicial. En el gesto de la respiración que se emplea para cantar, son los músculos del abdomen los que controlan el ascenso progresivo del diafragma de manera que se dosifica la salida del aire y se controla la presión con que éste sale. El músculo más importante es el recto del abdomen que se inserta en el esternón en la parte superior y en el pubis en la parte inferior.

• *A la hora de cantar la espiración se vuelve activa* (tensión) y el momento de la inspiración es pasivo, es un momento de relajación. En la respiración que se emplea cuando no se produce sonido vocal, la inspiración es la parte activa (tensión) y la espiración pasiva (relajación).

• *El gesto de la respiración al cantar es un movimiento que ha de ser aprendido conscientemente.* Esto no se produce automáticamente sin ser guiado y ha de ser trabajado de manera sistemática: empezando por sentir las partes del cuerpo que se mueven cuando se inspira costo-diafragmáticamente y después sintiendo los movimientos que hay que activar de manera consciente durante la espiración. El control del gesto respiratorio trata de mantener una presión subglótica concreta y sostenida en el tiempo, suficiente para emitir a una intensidad y tono determinado, pero no excesiva para no producir tensiones innecesarias. Se trabaja a través del soplo de manera que cuando se sopla se puede observar que hay una sensación de movimiento del abdomen, como si se «subiera una cremallera» desde la parte más baja del abdomen, se puede apreciar que el ombligo «sube» hacia arriba. Esta sensación de movimiento se ha de mantener durante la espiración mientras se sopla. Esta sensación se puede solapar con la de alargar la columna y ensanchamiento de la espalda.

- *Se han de dejar las costillas relajadas y centrar la atención en la parte baja del abdomen*, en el espacio entre el ombligo y el pubis, se pueden colocar las manos en este espacio mientras se sopla para sentir el movimiento de los músculos abdominales, como si se intentara uno «meter en unos pantalones pequeños» y sintiendo cómo los músculos van hacia arriba y cuando ya no se tiene más aire, relajar la barriga y sentir cómo entra el aire pasivamente y se expande la caja torácica. La relajación de la musculatura provoca la entrada del aire en los pulmones de manera automática. Este momento de relajación en el momento de tomar el aire es la parte más importante porque se corre el riesgo de volver a inspirar de nuevo una vez se relaja la musculatura abdominal. En ese momento de relajación/inspiración se ha de evitar subir los hombros, meter la barriga hacia dentro o empujarla hacia afuera. La parte superior del torso ha de estar estable y relajada.

- *El control del soplo es fundamental para generar una columna de aire adecuada durante el tiempo que dura la frase musical*. Es importante hacer ver a los alumnos que las variaciones de esa columna de aire son muy sutiles para los cambios de dinámica y frecuencia y no hace falta hacer movimientos bruscos.

- *La palabra apoyo (support) es demasiado abstracta y los alumnos entienden mal a qué hace referencia*. Personalmente, evito esta palabra cuando hablo de respiración y hablo de «gesto de la respiración» porque hablar de gesto implica que debe existir una alternancia entre tensión y relajación y también implica una continuidad de movimiento o acción que se corresponde más a lo que sucede cuando se canta. Es más efectivo trabajar con la palabra «soplar» porque al fin y al cabo se puede controlar la manera de soplar y se puede comprobar a través de diferentes ejercicios que el soplo se mantiene en el tiempo. También empleo expresiones como: «impulsar el aire» (para activar la musculatura de la parte baja del abdomen), pensar en «seguir soplando» mientras se canta, establecer la secuencia mental de «relajo para inspirar y soplo mientras canto».

- También se puede chequear la acción de la respiración comprobando la *acción de los músculos de la cintura*. Si se ponen las manos en la cintura (entre las costillas y las caderas) cuando se sopla y se activa el movimiento de la «cremallera ascendente» del recto del abdomen, los músculos de la cintura empujan hacia afuera. Cuando se acaba el aire y se relaja la musculatura abdominal, se produce la inspiración y los músculos de la cadera se repliegan hacia dentro.

- *Si hay un exceso de tensión o falta de coordinación del gesto es bueno moverse:* hacer círculos con las caderas y la cintura o balancearse hacia los lados mientras se espira/canta. El movimiento no debe alterar el sonido o la continuidad de la espiración, se puede comprobar haciendo /s/, /f/ mientras.

Cuando hay un buen gesto de la respiración se observa:

⮑ Una postura adecuada en la que puede convivir el movimiento mientras se canta.

⮑ No hay tensión en el cuello ni en los hombros. Se pueden mover y no hay tendencia a levantar el mentón o apretar la mandíbula.

⮑ La laringe y el tracto vocal están flexibles y móviles. El sonido está libre y no se producen variaciones de afinación al final de las notas largas.

EJERCICIOS

Se puede aprender a controlar y mantener el soplo y adquirir el gesto de la respiración con algunos ejercicios:

- Es conveniente empezar a trabajar el soplo con: silbatos, flautas de émbolo, «matasuegras», reclamos, armónicas, velas, molinillos de viento, etc.

- Se inspira elevando los brazos al cielo y mientras se espira (sopla) sobre una /s/, una /f/ o una /z/ se mueven los brazos estirados haciendo un arco vertical hasta los costados sin doblar los codos.

- Se inspira levantando el brazo derecho y se espira sobre una /s/, una /f/ o una /z/ doblando el torso hacia el lado contrario del brazo sintiendo la expansión de la musculatura costal. Se inspira en flexión y se espira de nuevo volviendo a la posición inicial. Después con el lado contrario.

- Se inspira elevando los brazos al cielo y se espira plegando el cuerpo sobre el abdomen de manera que quede la cabeza y el torso colgando relajadamente. Tomar aire en esta posición y sentir la expansión de la musculatura lumbar posterior. Levantarse despacio espirando y sintiendo que la espalda se va irguiendo progresivamente, vértebra a vértebra, de manera que lo último que se coloca en posición erguida es la cabeza.

- Al hinchar un globo, sentir la expansión de la caja torácica.

- Soplar con una pajita en el agua haciendo burbujas continuas. De esta manera es más fácil explicar el concepto de cantar ligado asociado al soplo continuo. No se debe apretar la pajita con los labios.

- En una misma espiración, se sopla con una pajita en el agua haciendo burbujas durante cuatro tiempos, se para durante otros cuatro tiempos, burbujas durante cuatro tiempos, parar durante cuatro tiempos…. y así hasta que se acabe el aire.

- Soplar a través de una pajita y notar con una mano que el aire no se para.

- Comprobar que el soplo es fino, frío y continuo en el dorso de la mano.

- Hacer una /s/, /f/, /z/ continua mientras se espira. Se puede combinar con los ejercicios de postura y movimiento.

- Hacer pompas de jabón (grandes, pequeñas, etc.). Cuando se intenta hacer una pompa lo más grande posible se ejercita adecuadamente el gesto de la respiración.

- Soplando a través de una pipa de aire (flow-ball) y mantener la pelota lo más alta posible. Mantener alta el máximo tiempo posible.

- Al hacer ritmos sobre una /Ts/ se movilizará la musculatura costal. Se puede combinar con los ejercicios de postura cuerpo-mente incluyendo patrones rítmicos, ritmos inventados, ritmos de canciones o juegos de eco.

C. Emisión

La emisión en el canto hace referencia a todo aquello que sucede en la laringe cuando al pasar el aire se produce el sonido. Para producir un sonido sano y equilibrado hay que tener en cuenta:

- Debe existir un *equilibrio entre la columna de aire y la acción de las cuerdas vocales,* cuando este equilibrio se produce se dice que existe una buena coordinación fono-respiratoria. Ese equilibrio varía en función de las frecuencias que se emiten y la dinámica que se produce y ha de ser enseñado.

- *La laringe se puede mover en el cuello.* Suele existir una cierta tendencia a elevarla cuando se hacen notas agudas y es algo que hay que evitar.

- *La laringe ha de mantenerse en la posición de equilibrio mientras se canta* para favorecer su movilidad. Esta posición de equilibrio es la de la risa a carcajadas. Hay que desterrar la concepción de que hay que mantenerla descendida porque esto provoca compensaciones musculares del tracto vocal que impiden un buen gesto vocal.

- *El sonido básico se produce, al igual que en la voz hablada, en virtud de la producción de un ciclo vocal* (abrir y cerrar las cuerdas con el paso del aire) en el que se ha de producir un cierre glótico correcto. Este cierre gótico correcto produce un sonido limpio, flexible y contribuye, junto con la resonancia, a la presencia en la voz de un sonido proyectado.

- *Las cuerdas se pueden aproximar con más o menos masa y superficie de contacto.* Es fundamental aprender a ajustar esta acción en función de las frecuencias que se canten. En las notas graves lo harán con más superficie que en las agudas.

- *El inicio del sonido o ataque vocal:* puede ser aireado (hay aire antes que el sonido), equilibrado (aire y sonido a la vez) o constreñido (sonido forzado por una excesiva superficie de contacto de las cuerdas vocales). Un buen gesto vocal debe basarse en ataques equilibrados, es decir, sin un exceso de masa en las cuerdas vocales o sin un exceso de presión de aire. Los ataques constreñidos provocan demasiado rozamiento en las cuerdas y pueden provocar lesiones a medio o largo plazo.

- *La producción de las frecuencias* se produce como consecuencia del ajuste en cuanto a longitud de las cuerdas vocales. En las frecuencias graves las cuerdas vocales están más encogidas y en las frecuencias agudas más estiradas.

- El concepto de *extensión vocal o notas accesibles* hace referencia a todas las frecuencias, de la más grave a la más aguda, que se puede emitir en cada momento. La *tesitura o notas disponibles* hace referencia a las notas que una persona puede cantar de manera cómoda y sin tensión y es una parte más limitada de la extensión. Tanto las extensiones como las tesituras varían con la edad y el entrenamiento vocal.

- El concepto de *registro vocal* hace referencia a cambios de posición de la laringe. Los cambios de registro requieren que la persona realice los ajustes musculares necesarios para poder acceder a determinadas frecuencias.

- *Las voces adultas pueden presentar cuatro registros* que implican cambios en la posición de la laringe: Mecanismo 0: vocal fry; Mecanismo 1: voz de pecho/heavy mechanism; Mecanismo 2: voz de cabeza/light mechanism; Mecanismo 3: voz de silbo.

- *Existen límites superiores e inferiores en cada registro.* Existen zonas o pasajes (grupo de frecuencias) en los que se han de trabajar estos ajustes y dependen de la edad, la etapa vocal, el sexo y el tipo de voz.

- *El registro modal o voz mixta* hace referencia a la manera de emitir en la que el registro de pecho y el de cabeza se encuentran equilibrados produciendo un sonido de timbre homogéneo en toda la tesitura. Este sonido es resonante, proyectado y coordinado. Para cantar en este registro modal es preciso hacer los ajustes necesarios del mecanismo vocal a lo largo de toda la tesitura. Para hacer estos ajustes se necesita la ayuda de un profesor de canto y hacer determinados ejercicios.

- *El registro de pecho (mecanismo I o heavy mechanism)* o cualidad de la voz hablada se produce cuando las cuerdas vibran con más superficie de contacto (más gruesas) de manera que la tensión de las cuerdas se reduce conforme se llega al límite inferior (frecuencias graves). La frecuencia en la que se habla es tres o cuatro semitonos más aguda que el límite inferior de los sonidos que podemos hacer.

- *El registro de cabeza (mecanismo II o light mechanism)* se produce cuando las cuerdas vibran con menos superficie de contacto (más finas) al mismo tiempo que se estiran. Para acceder al mecanismo II es preciso activar la inclinación de la laringe (el tiroides se inclina sobre el cricoides) en la zona del pasaje (las notas que preceden al límite superior del registro de pecho) para permitir que las cuerdas vocales se estiren de manera que se pueda mantener el mismo patrón de vibración.

- Si este trabajo de *unir y equilibrar los registros* no se realiza de una manera adecuada puede existir una predominancia de alguno de los dos registros que derivará en un desarrollo de la musculatura implicada de uno de ellos en detrimento del otro y ese desequilibrio se verá reflejado en limitaciones vocales futuras. Este trabajo de conocimiento y desarrollo de todo el potencial vocal a través del equilibrio de ambos registros es conveniente realizarlo en las lecciones de canto individuales.

- *El Mecanismo 0: Vocal fry (voz frita) o creak.* Es el sonido que se produce en la parte grave de la voz de manera totalmente relajada, es decir, sin constricción de las cuerdas vocales. Es seguro y saludable. Es empleado como efecto en la música moderna para realizar algunos ataques. Se puede usar para relajar las cuerdas vocales después de un ensayo/clase o si se ha cantado demasiado tiempo en el extremo agudo de la voz.

- *El falsete.* Es un ajuste adicional de la voz de cabeza en los hombres porque sus cuerdas vocales son más largas. Es el precursor de la voz de cabeza en las voces adultas de los hombres. Aparece en la muda de la voz en las voces masculinas y hay que trabajarlo para poder estabilizar la voz aguda masculina en voz mixta. Los hombres pueden producir sonidos agudos en falsete o en voz mixta. El falsete se produce como consecuencia de la relajación del músculo vocal y del giro hacia atrás y hacia arriba de los cartílagos aritenoides, movimientos que provocan el estiramiento y adelgazamiento de las cuerdas vocales. La tensión de las cuerdas vocales se produce por la acción del ligamento más que por el cuerpo del músculo de las cuerdas vocales. Por eso el sonido que se produce es aireado y falto de armónicos.

- *Desarrollo de los registros de la voz cantada* conforme a la edad:

  ▶ Hasta los 10 años los niños no pueden inclinar la laringe por lo que su voz modal coincide con el mecanismo I o voz hablada. Esto limita la tesitura porque sólo pueden estirar y encoger las cuerdas.

  ▶ A partir de los 10 años pueden inclinar la laringe y por tanto acceder a notas más agudas mientras cantan. Se debe enseñar a través de ejercicios a inclinar la laringe para acceder a las notas agudas y a equilibrar los registros.

  ▶ En la adolescencia emergen los registros adultos. El falsete en los hombres. En las mujeres hay cierta tendencia a que el registro de pecho y el de cabeza se separen.

- *La constricción* hace referencia a la intensidad con la que se aproximan las cuerdas vocales y que puede implicar un esfuerzo suplementario añadido por las bandas ventriculares (falsas cuerdas vocales). Un exceso de constricción es potencialmente peligroso y puede producir lesiones vocales por lo que en los niños debe ser evitado. En algunos estilos modernos (pop, rock) se emplea cierto grado de constricción de las cuerdas vocales para provocar una *distorsión del sonido*. Esto puede ser enseñado en la clase de canto bajo supervisión del profesor, en la adolescencia siempre y cuando exista un buen gesto vocal y como un recurso momentáneo y no para toda la canción. Si se hace bien no debe picar ni doler la garganta.

- *Aire en la voz*. Si mientras se canta se observa que se escapa aire puede deberse a varias causas entre las que se encuentran: una mala coordinación fono-respiratoria (demasiada presión de aire, mal ajuste de las cuerdas vocales, mal manejo de la resonancia), un periodo de crecimiento (las chicas en la adolescencia suelen presentar una cualidad aireada) o una lesión vocal.

- *Belting*. Es el sonido que se produce cuando se hacen notas agudas en el registro de pecho/mecanismo I. Es decir, sin inclinación de la laringe. Es una manera de emitir que se emplea en el teatro musical y básicamente es cantar «como si se gritara» por lo que requiere un gran esfuerzo muscular y fatiga mucho al cantante. Es un efecto que se debe aprender cuando la voz está totalmente desarrollada, por eso, en el caso de los niños y adolescentes, esta manera de emitir se debe evitar para favorecer un desarrollo vocal adecuado y no dañar las voces en estas etapas. Incluso para los adultos es potencialmente peligrosa ya que, si no se hace bien, se pueden producir lesiones en un breve espacio de tiempo. En el caso que los alumnos avanzados que hayan realizado la muda vocal quieran aprenderlo, debe hacerse siempre en clases individuales y bajo supervisión.

EJERCICIOS

El objetivo del trabajo de emisión es aprender a realizar los ajustes necesarios en la laringe que permitan producir un buen sonido de timbre homogéneo con una emisión relajada en toda la voz o lo que se conoce también producir el sonido en voz mixta o registro modal. Para conseguirlo es necesario explicar conceptos de percepción del sonido, de manera que los niños entiendan que para mantener este sonido equilibrado necesariamente han de percibir su voz, internamente, de manera diferente en las frecuencias graves, medias y agudas.

- Enseñar dónde se encuentra la laringe, cómo se mueve (a través de vídeos o maquetas), percibiendo sus movimientos cuando se suspira, cuando se traga, cuando se inclina, etc.

- Para establecer un buen gesto vocal es fundamental enseñar a cantar legato o ligado, es decir, que no se produzcan interrupciones de la columna de aire o soplo cuando se cambia de una nota a otra. Es frecuente que a los niños les cueste disociar ambas acciones. Es posible realizar esta disociación, realizando ejercicios de coordinación fono-respiratoria que ayuden a realizar los ajustes aire-cuerda a lo largo de las diferentes frecuencias sin interrupciones y ajustando la presión de aire:

▶ Trino de lengua /r/ o labios /br/ mantenidos en una nota, en glissandos o en un patrón melódico. Las batidas deben ser constantes, si se interrumpen o detienen quiere decir que el soplo se ha alterado.

▶ Producir una nota, glissandos o un patrón melódico con un kazoo (mirlitone o pito de carnaval).

▶ Producir una nota, glissandos o un patrón melódico al mismo tiempo que se sopla por una pajita, sin apretar los labios para sujetar la pajita en los labios. Evitar que el aire se interrumpa entre nota y nota o que las notas se separen. Hay que hacerlo completamente ligado.

▶ Producir una nota, glissandos o un patrón melódico mientras se sopla por una pajita sumergida a unos 3 cm dentro del agua produciendo burbujas. Evitar que el aire se interrumpa entre nota y nota o que las notas se separen. Hay que hacerlo completamente ligado.

• Para trabajar los ataques:

▶ Con el ejercicio de soplar por la pajita y cantar en el agua, notar que en el ataque aireado primero aparecen las burbujas y luego el sonido. En el ataque equilibrado, las burbujas y el sonido aparecen al mismo tiempo. En el ataque constreñido, primero aparece el sonido y luego las burbujas.

▶ Con el flow-ball sentir cómo se moviliza la parte baja del abdomen para elevar la pelota. Después hacer el mismo movimiento en el inicio del sonido.

• Para trabajar los registros:

▶ Para enseñar a percibir los mecanismos laríngeos se deben hacer ejercicios variados en cuanto a frecuencias e intensidades. Se han de explorar las diferentes frecuencias con ejercicios de afinación indeterminada como sirenas y glissandos y de afinación determinada, ejercicios descendentes, acordes triadas, quintas sobre una /u/, etc.

▶ Se ha de explicar el mecanismo de la inclinación de la laringe en la segunda infancia. Se puede practicar con ejercicios de glissandos ascendentes y con ejercicios de terceras arpegiadas (intervalo de tercera, quinta y octava).

▶ Para practicar la unión de los registros se deben realizar ejercicios descendentes (glissandos, terceras, quintas, octavas) de las maneras descritas en el apartado de coordinación fono-respiratoria.

• Para trabajar la dinámica sin constricción, es decir con la modificación de la presión de aire (efecto Bernouilli). Se puede enseñar dinámica (sonidos más fuertes/ suaves) con el ejercicio de soplar con la pajita en el agua:

▶ Primero simplemente soplando de manera continua y variando el tamaño de las burbujas, de manera que las burbujas más pequeñas se corresponderán con sonidos más suaves y las burbujas más grandes con sonidos más fuertes.

▶ Una vez practicado el ejercicio sin sonido haciendo un regulador crescendo/diminuendo (< >), es decir, comenzar con burbujas pequeñas, ir incrementando el tamaño hasta llegar a burbujas grandes y finalmente disminuir el tamaño hasta hacer burbujas pequeñas otra vez. A continuación se realiza con sonido, es decir, al mismo tiempo que se sopla y se producen las burbujas se canta una nota haciendo el regulador.

▶ Una vez practicado esto se puede hacer el regulador de sonido sobre una nota utilizando la vocal /i/. Esta es la manera de trabajar la intensidad con el aire y no con la fuerza con la que se aproximan las cuerdas vocales. Es importante poder decrecer el sonido sin perder timbre.

▶ Este ejercicio ha de ser practicado en las notas disponibles o tesitura para automatizar los ajustes de dinámica sin perder timbre.

• Para corregir un exceso de constricción o tensión se ha de controlar la postura y el gesto de la respiración. Es importante que los niños no asocien más fuerte o más agudo con más tensión. Es importante que los niños sientan vibración en las mejillas a la hora de iniciar el sonido y no noten presión o tensión en la laringe. Controlando esto, se deben trabajar «sirenas» o glissandos con /z/, /r/, /br/ y *vocal fry* para equilibrar la emisión.

D. Resonancia

El sonido que se produce en la laringe se asemeja a un zumbido, muy diferente de la voz que llegamos a oír. Este sonido laríngeo se compone de un tono fundamental y de tonos denominados armónicos en términos musicales o sobretonos (overtones). Se puede explicar: poniendo un vídeo de canto de armónicos; agitando rápido en el aire un tubo largo de plástico flexible de manera que se generen los armónicos; usando aplicaciones de espectrogramas; con ejemplos vocales variados en color, etc.

También se puede explicar con un diapasón, si no se pone en contacto con una superficie se oye un leve zumbido, si se coloca en una superficie el sonido se propaga. También puede explicarse que si se pone en una superficie de madera el timbre que se obtiene es de timbre menos «estridente» que si se coloca en una superficie metálica. Lo mismo sucede con la voz, cuando la musculatura está más tensa el sonido es más estridente que si está relajada.

La caja de resonancia en la voz humana es el tracto supraglótico, y va desde las cuerdas vocales hasta la boca. El cantante aprende a modificar voluntariamente la forma, la posición y la tensión de los elementos móviles del tracto vocal (faringe, laringe, velo del paladar, lengua, mandíbula y labios) para producir un timbre determinado y articular las palabras. En el caso de los niños y adolescentes, hay que ayudarles a ajustar estas posiciones porque el crecimiento de su tracto vocal va a condicionar su control motor.

Los formantes de la voz son precisamente aquellos armónicos o grupos de armónicos de un sonido que se ven potenciados en función de cómo se modifican las estructuras del tracto vocal y los espacios que generan. El primer formante se produce como consecuencia del espacio generado en la faringe. El segundo formante se produce como consecuencia de la posición de la boca (velo del paladar, lengua, mandíbula, labios). El tercer formante lo caracteriza la cavidad nasal.

Es importante generar bien el primer formante manteniendo una posición de equilibrio de la laringe y fortaleciendo la musculatura de la faringe con ejercicios realizados sobre una /u/ en glissandos de quinta u octava. De esta manera cuando se articulen las palabras y se abra la mandíbula el timbre se mantendrá más homogéneo.

Para mantener el timbre homogéneo cuando se produzcan las vocales y no se altere este espacio, es necesario hacer ejercicios que permitan producir las vocales con una posición vertical de la boca, por lo que hay que evitar hacer las /i/ y las /e/ horizontales, o con una sonrisa (lo correcto es verticalizar).

El *twang* o formante del cantante depende del control de la tensión muscular del esfínter aripiglótico (espacio inmediatamente superior a las cuerdas vocales) que se emplea para variar el timbre vocal y darle más brillo o metal. Puede ser aplicado en toda la tesitura vocal y no interfiere en el resto de espacios supraglóticos de resonancia. Es decir, se puede variar el timbre sin que afecte a la articulación de las palabras y a las tesituras. Es importante aprenderlo con un buen profesor o se corre el riesgo de confundirlo con un sonido nasal.

Una voz proyectada lleva asociadas sensaciones de vibración en la cara como consecuencia de la propagación e impacto de la onda sonora en los huesos del cráneo (senos maxilares, frontales y esfenoidal). Es necesario guiar al alumno y ayudarle a asociar estas sensaciones en función de las frecuencias que se cantan.

EJERCICIOS

La resonancia se trabaja a través de ejercicios de sensibilización y relajación de las estructuras del tracto vocal de manera que se puedan independizar según se quiera modificar el timbre. Se puede mostrar una maqueta de un esqueleto o imágenes de las diferentes partes para que puedan ubicarlas. También es muy útil poner vídeos de resonancias magnéticas mientras se canta.

Ejercicios para explicar las diferentes partes del tracto vocal y ayudar a percibir su ubicación y sus posibilidades de movimiento:

- *Ejercicios de movilidad de labios*: meterlos para dentro, sacarlos hacia afuera, dar un beso, girarlos a los lados, poner el superior sobre el inferior y viceversa.

- *Ejercicios de movilidad de lengua*: sacarla y meterla, moverla desde los dientes superiores hasta el velo del paladar, moverla por delante y por detrás de los dientes, moverla fuera de la boca en todas las direcciones (queriendo tocar la nariz, las mejillas y el mentón), girándola en vertical (intentando darle la vuelta).

- *Ejercicios para aprender a desbloquear la mandíbula y abrir la boca en vertical*: soltar la mandíbula dejándola relajada, abrir la boca de manera que se vean los dientes de arriba y de abajo.

- *Ejercicios para sentir la faringe*: hacer un arpegio de quinta en glissando sobre una /u/ con la mandíbula abierta y los labios juntos.

- *Ejercicios para sentir el velo del paladar*: pasear la lengua desde detrás de los dientes superiores hasta la parte posterior y sentir la parte blanda del velo del paladar, bostezar y sentir el punto de inflexión en el que el velo del paladar se estira, intentar morder una manzana, hacer un glissando sobre una /u/.

Ejercicios para explicar los formantes y cómo varían: se pueden emplear aplicaciones de espectrogramas en las que se visualice el cambio de frecuencias amplificadas asociadas al timbre que dan una retroalimentación inmediata sobre los cambios de posición del tracto vocal. Produciendo sonidos variando las posiciones.

Ejercicios semiocluded vocal technique o SOVT:

- cantar a través de una pajita de sorber hace que se fortalezca y equilibre la musculatura de la faringe responsable del primer formante. Cantar a través de una pajita: se coloca la pajita en la boca sin apretarla con los labios y se comprueba que sale aire por el extremo.

- cantar sobre una /z/, /f/, /r/.

- cantar sobre una /u/.

Ejercicios para producir sonidos nasales con el velo del paladar descendido y sonidos orales con el velo del paladar elevado. El sonido nasal se produce como consecuencia de que el velo del paladar elevado cierra el espacio oral. Para comprobar que un sonido es nasal o no, tan sólo hay que taparse la nariz, si el sonido desaparece el sonido es nasal, si se mantiene igual es oral.

Ejercicios con sonidos con diferentes vocales. Ecualizar las vocales manteniendo la boca abierta redondeada sobre una nota: /u/-/i/-/e/-/a/-/o/-/u/. Es importante mantener el timbre sin cambiar la posición de la boca.

Ejercicios con diferentes consonantes:

- las consonantes posteriores /th/ o /kh/ producidas con un poco de aire ayudan a que los aritenoides se cierren adecuadamente cuando hay un exceso de aire.

- las consonantes anteriores /p/ o /b/ ayudan a reducir la constricción de las cuerdas vocales.

- las consonantes /m/, /n/ o /ng/ ayudan a mantener el velo del paladar en posición de equilibrio y a sentir la vibración en las mejillas.

Ejercicios con sonidos con la boca abierta/cerrada:

- los ejercicios con la boca cerrada estimulan las sensaciones de vibración por simpatía en la cabeza (notas agudas), cara y pecho (notas graves).

- sonidos con la lengua fuera equilibran la posición de la lengua y evitan la tensión de la misma que puede producir una tensión excesiva en el tracto vocal.

Ejercicios para relajar o variar la tensión del tracto vocal:

- *De la mandíbula:* poniendo las yemas de los dedos en la articulación de la mandíbula mientras se hace una /a/, /u/ para sentir su abertura y después para sentir la flexibilidad de la articulación mientras se canta. Hacer una quinta descendente con un /kua/ o un /ya/ en cada nota y notar la flexibilidad de la mandíbula.

- *De la lengua:* cantar una tercera o quinta descendente con la lengua totalmente fuera. Después hacer lo mismo con la lengua dentro.

- Para variar la tensión del esfínter aripiglótico en el *twang*. Imitar la risa característica de una bruja (/he/) o un pato (/kua/) a diferentes intensidades. Sintiendo la variación de tensión del esfínter colocando los dedos a ambos lados de la parte alta de la laringe.

E. Articulación

El último principio para construir un buen gesto vocal es la articulación de las palabras mientras se canta. La presencia del texto es lo que diferencia a los cantantes del resto de los instrumentistas.

Es imprescindible la inteligibilidad del texto para que el mensaje llegue al espectador y esta comprensión depende de la altura de los dos primeros formantes que tienen una frecuencia bastante constante en cada una de las vocales.

Los niños tienen un control limitado de la articulación en los primeros años de vida, ello no ha de implicar que se corrija la misma, tanto al hablar como al cantar, para que aprendan a ajustar la musculatura del tracto vocal.

Es importante que los niños empiecen cantando en su lengua materna.

Ejercicios para trabajar la articulación:

- *Leer el texto de la canción en voz alta* para detectar si hay problemas a la hora de pronunciar alguna consonante.

- *Recitar el texto con el ritmo de la canción.* Esto es especialmente importante para disociar melodía de texto ya que debido a que el texto y la melodía se procesan cerebralmente en dos áreas diferentes se producen más imprecisiones a la hora de afinar si se hacen juntas que si se hacen separadas. Cuando se practica este ejercicio la afinación se mantiene más estable que cuando se canta con texto.

- *Mantener la línea ligada de canto cuando se canta con la letra.* El sonido se propaga por las vocales y las consonantes interrumpen levemente ese paso del aire, por lo que se ha de disociar el canto ligado de la melodía de la pronunciación.

- *Decir con la voz hablada el texto rápidamente* para agilizar el movimiento de los articuladores. Si se es capaz de pronunciar el texto rápidamente se estarán entrenando las secuencias de movimiento haciéndolas más precisas.

- *Hacer la mímica del texto sin voz.* Cantar sin sonido moviendo la boca, la lengua y los labios como si se estuviera fonando.

4

PEDAGOGÍA DEL CANTO EN LA INFANCIA

4.1. Enseñar a cantar en la infancia

La pedagogía del canto camina en el siglo XXI hacia una visión holística de la voz en la que no se puede desligar del trabajo del cuerpo, de la mente y de las emociones. El canto forma parte de ese todo, de esa capacidad de expresión y de construir la propia identidad a través de la música.

Los pedagogos deben conocer dónde están las líneas rojas en ese complejo equilibrio entre:

- **La expresión o emoción:** el tener una buena relación emocional con la música en general y con el canto en particular es esencial para que la motivación se mantenga en el tiempo y el niño practique. Por otro lado, sentir el placer de expresar emociones a través de la música y la voz permite conectar con la esencia personal y con el propio yo, hecho que proporciona una sensación de bienestar inmenso por el poder que tiene como regulador emocional. Seguramente esa potente sensación de bienestar es la que proporciona la motivación y fomenta la curiosidad hacia el aprendizaje musical.

- **Las habilidades musicales:** adquirir y desarrollar la musicalidad a través de actividades como escuchar diferentes canciones, intentar reproducirlas, sorprenderse con nuevos estilos, entender cómo se construye la música, aprender a descifrar el código y adquirir habilidades de lecto-escritura musical, aprender a tocar un instrumento, cantar a varias voces, cantar con un acompañamiento musical... forman parte del aprendizaje musical. Todo ello debe ser planificado y administrado a los niños de manera que puedan entenderlo en cada momento y puedan desarrollar sus aptitudes musicales a través de su voz y del desarrollo progresivo de la *audiation*.

- **La adquisición de un buen esquema corporal vocal:** a través del aprendizaje de un buen gesto vocal. El docente debe supervisar que se produce una buena coordinación entre el la respiración, la laringe y el tracto vocal que permita un control adecuado de la afinación, volumen y timbre. Sin esta coordinación no es posible un equilibrio muscular y sin éste el aprendizaje difícilmente será consistente y el alumno encontrará una limitación en su desarrollo y puede que hasta se desanime en la pubertad si no entiende cómo va a evolucionar su voz. Por contra, aquellos niños que van construyendo progresivamente un buen gesto vocal ven cómo sus recursos vocales se expanden y son capaces de hacer un uso cada vez más refinado de su voz. Este control se mantiene a lo largo del tiempo porque aprenden a conocer y a hacer los ajustes necesarios a lo largo de su desarrollo. El docente debe procurar ejercicios que permitan que su musculatura se desarrolle adecuadamente en cada fase y vigilar que el equilibrio muscular se mantiene en el tiempo a través de una adecuada retroalimentación.

- **Las actividades musicales y las canciones que se interpretan:** la elección del repertorio así como la metodología empleada en cada momento es clave para favorecer este desarrollo vocal y musical. Los niños necesitan primero explorar su voz de manera progresiva y eso se puede hacer mediante juegos vocales. Posteriormente serán capaces de cantar canciones adecuadas a su madurez física y mental. El repertorio y las actividades vocales deben ser facilitadores del aprendizaje musical y vocal por ello es necesario secuenciarlos adecuadamente. Para ello el docente deberá hacer un análisis técnico y didáctico del mismo.

La ciencia vocal y la pedagogía musical concuerdan en que hay diferentes fases en el desarrollo musical y vocal ya que el desarrollo físico condiciona el desarrollo vocal y por tanto la adquisición de habilidades vocales y musicales, de manera que no es posible desarrollar la voz cantada sin buen gesto vocal y que permita posteriormente un dominio creciente de las habilidades musicales.

El docente debe ser consciente que el niño no es un «adulto en miniatura». Los docentes deben conocer qué puede y qué no puede hacer un niño a una determinada edad en función de su maduración y proponer actividades adecuadas que permitan su desarrollo.

4.2. Desarrollo del aparato fonador en la infancia

La infancia se subdivide en dos grandes periodos llamados primera infancia, desde el nacimiento hasta los 6 años y segunda infancia entre los 6 y los 12. Se hace distinción entre estos dos grandes periodos debido a que los cambios físicos, emocionales y mentales condicionan la producción vocal.

La primera infancia es un periodo de grandes cambios a nivel fisiológico que tienen como consecuencia una cierta inestabilidad vocal, necesaria por otro lado para adquirir el lenguaje de manera progresiva. La motricidad está en sus primeras fases de desarrollo y los niños tienen un control neuromuscular limitado. Por lo tanto el aprendizaje musical y vocal debe darse de una manera informal a través del juego y de la exploración sensorial. A pesar de esta inestabilidad debida al rápido crecimiento, es una etapa crucial para adquirir la habilidad de cantar.

En la segunda infancia, estos cambios fisiológicos se ralentizan y la madurez física y mental permiten el aprendizaje musical y vocal formal. Los niños tienen un mayor control de su cuerpo y han desarrollado una motricidad más fina que les permite hacer los ajustes necesarios para aprender a cantar. Esta estabilidad vocal facilita el desarrollo del canto de manera consistente teniendo en cuenta que aún el aparato vocal no se ha desarrollado completamente.

La adquisición del habla y del canto son procesos evolutivos. En cada edad y etapa de desarrollo, la forma y funcionalidad de las estructuras corporales están supeditadas a la función que debe desarrollar para garantizar la supervivencia. En el mismo momento del nacimiento se activa el sistema respiratorio y fonatorio del bebé pero está anatómicamente diseñado para la lactancia materna y para emitir sonidos que capten la atención de sus cuidadores. Conforme el bebé va creciendo, las estructuras anatómicas se van modificando para que se pueda adquirir el lenguaje, ampliar la alimentación y aumentar su motricidad con el fin de que el niño pueda mantenerse erguido y caminar.

Los primeros sonidos que emite un bebé al nacer poseen potencialmente todos los elementos del canto: contorno melódico, variedad rítmica, intensidad y sobre todo son una especie de «correa de transmisión» de estados emocionales del bebé.

Los niños nacen con la potencialidad de adquirir cualquier lengua y de cantar y es mediante la interacción con el medio como van perfilando elementos prosódicos de una determinada lengua y adquiriendo patrones melódicos y rítmicos de su cultura. Los niños aprenden a hablar escuchando su entorno e imitando a los adultos de referencia, de igual manera sucede con el canto. No basta con ponerles música cuando son pequeños, hay que cantarles directamente para que ellos observen cómo se hace.

La voz es un instrumento vivo que crece y cambia. Nacemos con el potencial de cantar pero sin la estimulación y el estrés mecánico que supone llorar, gritar, balbucear y cantar las cuerdas vocales no desarrollan completamente el sistema fonador. Ejercitar la voz hablada y cantada regularmente incrementa la elasticidad de los músculos de la respiración y la laringe y es posible a través de la exploración vocal y la práctica favorecer y potenciar el desarrollo vocal.

El crecimiento del aparato vocal

La voz se produce como consecuencia de la coordinación del aparato fonador que comprende: los pulmones, la caja torácica, el diafragma y la musculatura abdominal (encargados de la respiración) con la laringe y los pliegues o cuerdas vocales (encargados de la emisión) y el tracto vocal formado por: faringe, boca, velo del paladar, labios, etc. (encargados de la amplificación y modificación del sonido), tal y como se ha explicado en páginas anteriores.

La forma y el tipo de crecimiento de estas estructuras condiciona las posibilidades vocales en cada momento y es por ello que se va a describir esta evolución en la infancia.

▶ 1. Control de la respiración o fuelle

Los recién nacidos poseen una estructura ósea diferente a la de un adulto. Un bebé nace con 260 huesos, algunos de los cuales se fusionan con el tiempo de manera que al llegar a la edad adulta el ser humano tendrá 206 huesos.

El proceso en el que los tejidos cartilaginosos se van transformando en hueso se llama osificación endocondral. Cuando las células cartilaginosas mueren son reemplazadas por osteoblastos que están agrupados en centros de osificación. Los huesos no crecen a través de la división celular como otros tejidos del cuerpo sino como consecuencia de un proceso de síntesis y destrucción llamado remodelado óseo que se produce durante toda la vida.

Por otra parte, los huesos se desarrollan por dos vías. El crecimiento apositivo sucede cuando las capas se van añadiendo en la parte exterior aumentando el diámetro del hueso. El crecimiento intersticial tiene lugar de dentro a afuera y aumenta la longitud del hueso.

Estos procesos han de ser tenidos en cuenta para entender cómo se desarrolla el esqueleto de los niños y la influencia en su aparato fonador.

El aparato respiratorio de un bebé está formado por costillas dúctiles y deformables y este hecho permite al bebé maniobrar a través del canal de parto. Las costillas al nacer son muy flexibles y cartilaginosas y poco a poco se van osificando.

Por otro lado, el ángulo de las costillas tiene implicaciones en la eficiencia de la respiración. Desde el nacimiento hasta aproximadamente los dos años las costillas están casi horizontales haciendo que el diafragma se encuentre expandido y con un recorrido disminuido. Esto hace que la respiración en los niños sea más diafragmática (expandiendo la musculatura del abdomen) que costal; si se observa a un bebé mientras duerme se verá que sus costillas prácticamente no se mueven pero sí lo hace su abdomen.

Por lo tanto, se producen cambios funcionales en cuanto a la respiración diafragmática que se va volviendo más costal debido a la torsión de las costillas. En los adultos el diámetro del pecho se puede incrementar expandiendo las costillas hacia afuera posicionándolas horizontalmente. La posición de las costillas en los niños impiden la expansión hacia afuera (respiración costal) como sucede en los adultos. Poco a poco se irán verticalizando permitiendo la expansión de los costados y un recorrido más amplio del diafragma en su descenso durante la inspiración y en su ascenso durante la espiración. El movimiento de la pared torácica aumenta hasta la edad de siete años que es cuando la forma de la caja torácica cambia y se parece más a la de los adultos. Este hecho tiene una consecuencia directa en la fonación ya que no podrán sostener el sonido demasiado tiempo.

Cuando las costillas y el esternón crecen y se osifican, y los músculos intercostales se desarrollan pueden ofrecer una mayor resistencia a la salida del aire. Esto ayuda a que pueda haber una mayor movilidad en el pecho durante la inspiración y un mayor control de la presión de la columna de aire para producir una mayor variedad de sonidos tanto hablados como cantados.

Los pulmones de un niño y su función aumentan linealmente con el peso y la edad en la infancia. Al nacer los pulmones son muy pequeños. Durante el primer año triplican su peso y aumentan seis veces su volumen.

Los bebés recién nacidos son respiradores nasales porque deben respirar mientras maman. A los seis meses respiran por la boca y por la nariz. Conforme se desarrollan los pulmones disminuyen el número de respiraciones por minuto.

Ratios normales de respiración: (PALS 2015)

Recién nacidos = 30-53 rpm

1- 2 años = 22-37 rpm

3-5 años = 20-28 rpm

6-11 años = 18-25 rpm

>12 años = 12-20 rpm

Los niños producen sonidos fuertes y estridentes porque los pulmones y las cuerdas vocales son más pequeñas. Después de los 6 años, los pulmones desarrollan más fibras elásticas, con lo que se produce un retroceso más eficiente de la musculatura respiratoria. Después de los 8 años la caja torácica crece y el tamaño de los alveolos aumenta. La capacidad pulmonar vital entre los 4 y 8 años es 28 litros mayor en los chicos que en las chicas. Entre los 10 y 14 años es 53 litros mayor. A pesar de estas diferencias ambos sexos generan la misma presión para producir la voz hablada, lo que indica que chicos y chicas emplean diferentes niveles de esfuerzo muscular.

▶ 2. Control de la emisión: laringe

La laringe de un niño no es exactamente igual a la de un adulto. En las imágenes que se presentan en algunos libros de canto, el modelo siempre es una laringe adulta. Los cartílagos de la laringe y las cuerdas vocales en los niños son significativamente diferentes porque han de transformar su funcionalidad. Estas diferencias se encuentran en las proporciones, la forma, la consistencia, el tamaño y la posición en relación a la altura de las vértebras del cuello.

Para entender cómo se modifican las estructuras hay que tener en cuenta:

- *La posición en el cuello de la laringe y su relación con la epiglotis y el hueso hioides.*
  La laringe al nacer se encuentra posicionada muy alta en el cuello, a la altura de la segunda vértebra cervical, la epiglotis tiene una forma de omega y el velo del paladar está casi unido a ella de manera que asegura un cierre perfecto de la vía aérea mientras el bebé mama y le permite respirar al mismo tiempo que se alimenta.

  Poco a poco, la laringe va descendiendo su posición en el cuello de manera continua hasta los 6-7 años que se sitúa a la altura de la quinta y la sexta vértebra cervical permaneciendo estable en esta posición hasta la adolescencia, cuando volverá a descender para alcanzar su posición definitiva. Esto se refleja en el descenso progresivo de la frecuencia fundamental del habla.

  Al mismo tiempo que desciende se va alargando el tracto vocal y modificando su forma, la epiglotis se va aplanando y se va separando del velo del paladar.

El hueso hioides, el único hueso de la laringe, empieza a osificarse a los 2 años y por tanto al principio tiene una estructura cartilaginosa. La distancia entre el hioides y el tiroides va aumentando conforme la laringe va descendiendo su posición en el cuello.

- **El tamaño y forma de los cartílagos de la laringe.**
La laringe de un niño es la tercera parte en tamaño a la de un adulto. Los cartílagos que forman la laringe son esponjosos al nacer. En este momento, la epiglotis flexible está unida a los cartílagos aritenoides dándole una forma de omega. La curvatura de la epiglotis aumenta hasta los 3 años y después se va aplanando.

Hasta los 3 años los aritenoides son proporcionalmente más largos, generando más espacio en la parte trasera de la glotis. Después, las proporciones cambian hasta que los aritenoides ocupan un porcentaje menor de espacio. Los cartílagos cuneiformes, situados cerca de los aritenoides son proporcionalmente más largos en los bebés que en los adultos.

El espacio entre la parte frontal de los cartílagos tiroides y cricoides es más pequeño en niños que en adultos. Esto va cambiando conforme la membrana cricotiroidea se desarrolla para aumentar la separación entre los cartílagos. Esto tiene una especial incidencia a la hora de sentir los cambios de registro en la voz cantada y la posibilidad de inclinar el cartílago tiroides sobre el cricoides (sobre los 10 años).

El cartílago cricoides es la única estructura con forma de circunferencia en la salida del aire. En los niños tiene un diámetro menor. El cartílago tiroides es redondo en la parte frontal, en la edad adulta tiene forma de V.

- **El desarrollo del tejido de las cuerdas vocales (membrana cricotiroidea) o sistema tricapa.**
Las cuerdas vocales del recién nacido tienen una fina capa de tejido recubierta por material mucoso parecido a un gel que puede resistir la deformación y que contiene todo lo que necesita para autorepararse rápidamente si se daña. Los bebés pueden llorar durante horas porque tienen una gran cantidad de ácido hialuró-

nico en la capa superior de la lámina propia. La afinidad de este ácido con el agua permite que la cuerda vocal esté lubricada y pueda absorber el rozamiento y mantener la viscosidad óptima del tejido.

Las cuerdas vocales son aproximadamente mitad cartílago, mitad ligamento al nacer. Estas proporciones cambian con la edad. La porción membranosa es la parte que vibra.

Al nacer, la lámina propia de las cuerdas vocales no tiene definidas las diferentes capas de fibras como se describen en las cuerdas vocales adultas. Al principio sólo hay una capa de células hipercelulares a lo largo de la lámina propia. A los dos meses de edad hay dos capas de dos tipos diferentes de células. Gradualmente, la capa intermedia y la capa profunda de la lámina propia empiezan a diferenciarse.

El estrés mecánico en la fonación es necesario para estimular el desarrollo de las cuerdas vocales y este desarrollo depende de las tareas vocales necesarias con un incremento de complejidad a lo largo del tiempo. Cuando los bebés lloran, gritan, arrullan, se manda una señal a las células para que se diferencien. Sin el estrés vocal, las cuerdas vocales no cambian hacia la estructura de tres capas de la lámina propia, anteriormente descrita. En cuerdas vocales que nunca han fonado el sistema tricapa de la lámina propia no se desarrolla.

Entre 1 y 4 años hay un ligamento vocal inmaduro. A los 7 años ya hay tres capas diferentes de células con regiones diferenciadas de células en número y densidad. Las proporciones de las capas cambian cuando las cuerdas vocales se engrosan durante la segunda infancia. La profundidad total a lo largo de toda la lámina propia es comparable a la de un adulto a los 10 años y aún en ese momento las proporciones varían.

A los 11-12 años ya se observa el patrón de una capa superficial hipocelular, una capa media de fibras elásticas y una capa profunda de fibras de colágeno. La maduración completa de las capas se producirá cerca de los 20 años de edad. La maduración de las capas contribuye a la complejidad de la función fonatoria.

- *El desarrollo longitudinal de las cuerdas vocales.*
  La longitud de las cuerdas vocales es 2,5 veces más pequeña en los bebés que en adultos, lo que limita las capacidades de control durante la fonación. La longitud de la cuerda vocal de un recién nacido es de 2,5-3mm. Durante la primera infancia aumenta hasta 6-8mm. A los 5 años es 7,5mm. de largo. Tras la adolescencia en los adultos hombres llega a 16mm y en las mujeres a 10mm. La parte membranosa de las cuerdas vocales aumentan en longitud aproximadamente 0,7mm al año para los chicos y 0,4mm para las chicas.

  En los niños, la longitud menor de la parte membranosa de las cuerdas vocales, que es la porción que vibra, responde bien a altas presiones subglóticas. Sin embargo, las cuerdas vocales tienen una capacidad de ajuste menor, especialmente para regular las dinámicas.

3. Control de la resonancia y articulación: el tracto vocal

El tracto vocal es es un tubo de paredes blandas y no uniforme. Ambos extremos del tubo pueden abrirse y cerrarse. En un extremo está la boca que puede cerrarse cuando se juntan los labios y abrirse por la acción de la mandíbula. En el otro extremo está la glotis que puede cerrarse, vibrar y abrirse por la acción de las cuerdas vocales.

El tracto vocal crece, se desarrolla y cambia a lo largo de la vida; puede cambiar su forma de varias maneras e interaccionar dinámicamente con la fuente sonora. Es importante tener en cuenta que el crecimiento y desarrollo del aparato resonador es no lineal a lo largo de la infancia.

El cambio anatómico en cuanto a los tejidos blandos y duros, longitud y anchura del tracto vocal y el control motor del habla debido al desarrollo neuromuscular, afectan a la variabilidad acústica de la voz, a la formación de vocales y consonantes y, por último, a la inteligibilidad de las palabras para hablar y cantar. Las posibilidades de cantar, hablar y aprender una canción dependen del crecimiento y desarrollo de múltiples usos del tracto vocal.

El tracto vocal en los niños es muy diferente al de los adultos:

* **La longitud del tracto vocal (faringe)** varía, por un lado, gracias al descenso de la laringe en el cuello que provoca la separación progresiva del velo del paladar y la epiglotis a los 7-10 meses aproximadamente, y, por otro, por el ensanchamiento del paladar duro y de la cresta alveolar cuando empiezan a salir los dientes.

El tracto vocal diminuto del recién nacido se reestructura a lo largo de las dos primeras décadas de vida. El tracto vocal del recién nacido mide 6-8cm de largo en la edad adulta. El tracto vocal de las mujeres alcanza los 15cm y el de los hombres los 18cm.

Durante los dos primeros años de vida, las estructuras en la parte posterior del tracto vocal crecen más que las de la parte frontal, incluyendo la longitud de la faringe con el descenso de la laringe y el hueso hioides y la longitud de la lengua. Entre los 2 y los 9 años, el crecimiento es más lento y similar entre las partes posteriores y anteriores del tracto vocal. A los cinco años el ángulo del tracto vocal es aproximadamente de 110°, en la pubertad se reducirá a 90°.

El recién nacido puede mamar y respirar por la nariz en una variedad de patrones que implican succionar-tragar-respirar El hioides y la laringe están situados muy altos en su diminuto cuello. La epiglotis se puede deslizar hacia arriba para tocar el velo del paladar y cerrar la zona nasofaringea. El cuello es tan pequeño que la lengua ocupa la cavidad oral dejando muy poco espacio para que se produzca una variación en la resonancia.

El velo del paladar o paladar blando es un tejido muscular que se encuentra detrás del paladar duro. Este músculo cierra el puerto nasal durante el bostezo y sube para abrir el puerto nasal para que el aire circule en las cavidades de la nariz. Durante los primeros cinco años el paladar blando crece más rápido en longitud y espesor que el paladar duro. Puede variar su forma y el crecimiento continúa a lo largo de la vida.

A los tres años el velo del paladar cierra por completo el puerto nasal de manera que se pueden hacer sonidos orales. Hasta ese momento los niños producen sonidos marcadamente nasales. El crecimiento del paladar duro acaba a los 15 años. El paladar blando continúa creciendo a lo largo de la vida.

- *La boca y la mandíbula.* Las partes de la cabeza y el cuello crecen en diferentes momentos y ratios. Esto es lo que se conoce como crecimiento no lineal. Las cavidades de la boca maduran antes que las del área faríngea. La mandíbula, los dientes, el hueso hiodes y la cara crecen rápidamente durante la primera infancia. A este periodo le sigue un periodo de crecimiento lento en la segunda infancia que después se acelera durante la pubertad y finalmente se estabiliza durante la primera madurez.

  La mandíbula al nacer está dividida en dos partes que se fusionan durante el primer año de vida. Cuando aparecen los primeros dientes la forma de la mandíbula cambia pasando de un ángulo de 120° a un ángulo inverso de 70° aproximadamente. El movimiento de la mandíbula empieza a parecerse a la de un adulto a los 1-2 años. La mandíbula crece rápido durante los cinco primeros años de vida, especialmente en grosor.

  Entre los 4 y los 14 años, antes de la pubertad, no hay diferencias en cuanto al crecimiento de la mandíbula entre chicos y chicas. Las áreas de la mandíbula y el paladar crecen continuamente durante el primer año de vida. Después las diferentes partes crecen de distinta forma y en momentos diferentes.

  Los dientes contribuyen a generar el espacio vertical de la orofaringe, la masticación, el movimiento de la lengua, la posición de la mandíbula al cerrarse y el movimiento de los labios.

4.3. Primera infancia

La primera infancia prepara al bebé para su sobrevivir a unas determinadas condiciones ambientales (temperatura, sueño, alimentación, etc.) en un determinado contexto social (lenguaje, música, motricidad, etc.) y su potencial se desarrollará para garantizar su supervivencia.

Al nacer los bebés nacen con las capacidades básicas de succionar, agarrar, mirar y escuchar. En base a estas acciones son capaces de aprender y adaptarse al entorno en el que viven.

Existe una gran interdependencia entre el desarrollo psíquico y motriz, los niños tienden a pensar fisiológicamente interpretando lo que ven y lo que oyen con su propio cuerpo. De manera que la exploración a través de su propio cuerpo es su principal fuente de aprendizaje y de placer. A partir de los dos años este mimetismo empieza a ligarse más con el habla pero se observa cómo, cuando hablan, ligan aquello que explican con el movimiento. El desarrollo de la motricidad está, por tanto, vinculado al desarrollo intelectual y emocional.

Previo al desarrollo verbal encontramos el desarrollo auditivo y la capacidad de escucha cada vez más sofisticada que van adquiriendo los niños con una doble finalidad. La primera es establecer lazos afectivos y emocionales con sus cuidadores para calmarles, alentarles y advertirles de los peligros. La segunda es porque los estímulos sonoros son necesarios para comprender el mundo sonoro que les rodea y adaptarse a él. Entre esos estímulos encontramos el lenguaje y la música.

Si bien es cierto que el cerebro puede crear y establecer conexiones neuronales a lo largo de toda la vida, también es cierto que desde el nacimiento hasta los seis años posee una capacidad de desarrollo en cuanto al aumento de tamaño y capacidad sináptica que no tienen otras etapas en la vida.

Los cuidadores hablan generalmente a los bebés con mayores variaciones de frecuencias, vocales alargadas, y en frecuencias más agudas. Esta manera de hablar se conoce como habla maternal en la que se adapta emocionalmente el tono a aquello que van a hacer: comer, dormir, bañarse, jugar.

La variabilidad sonora ayuda a la formación de su corteza auditiva y les permite identificar estados emocionales y asociarlos a una prosodia. Es decir, los bebés son capaces de distinguir un tono cariñoso de uno de alerta sin conocer las palabras que forman el mensaje y elaborar respuestas acordes a la emoción percibida.

Además los niños observan con atención las expresiones faciales de los cuidadores para asociar los estados emocionales a los movimientos de los labios, lengua y mandíbula que provocan un determinado sonido. Sus neuronas espejo captan multitud de matices. Si se observa con atención un bebé y se le proponen diversos gestos se verá cómo intentará reproducirlos: sacar la lengua, abrir la boca, fruncir los labios, etc.

Al mismo tiempo, se dan cuenta que pueden emplear su voz (gritos, llantos, sollozos, etc.) para inducir respuestas emocionales de los adultos y por ello van desarrollando su sistema fonatorio. La exploración sonora y vocal es estimulante en sí misma. Y a mayor cantidad y variedad de los estímulos, mayor desarrollo de la corteza auditiva va a tener.

El cerebro plástico del bebé está preparado para la adquisición del lenguaje y también de patrones musicales rítmicos y melódicos. Con la estimulación tanto auditiva como verbal constante y sostenida en el tiempo aprenden a hacer asociaciones y a elaborar patrones de los fenómenos acústicos. Por un lado estas asociaciones estarán encaminadas al desarrollo del lenguaje (balbuceo del habla) y por otro al desarrollo musical (balbuceo musical: rítmico y melódico).

4.3.1. Desarrollo de la voz hablada

Los sonidos iniciales, como arrullos y pequeñas vocalizaciones, se consideran precursores del habla. Esos sonidos se conocen como *babytalk* y son estimulados por los cuidadores en el día a día. El *babytalk* o balbuceo de los niños es similar en todas las culturas en sus melodías en el primer año de vida.

El uso de la voz a modo de juego, les permite explorar y desarrollar la musculatura necesaria para la fonación. La capacidad de identificar contornos melódicos tiene mucho que ver con el desarrollo de la prosodia.

El crecimiento no lineal y el desarrollo en síntesis con la compleja interacción y experimentación durante la fonación provocan durante los primeros años sonidos como: vocales nasales, consonantes, gorgogeos, gritos, trazos de afinación y contornos melódicos, ritmos, primeras palabras, texturas vocales que van aumentando en precisión, belleza y repetición.

La voz hablada evoluciona:

Evolución de la voz hablada	
4 semanas	Hacen ruiditos guturales precursores del balbuceo, pueden realizar vocalizaciones reflejas, sonidos vegetativos (bostezos, suspiros, eructos) y llanto. Los sonidos son nasales porque la lengua ocupa todo el espacio y el velo del paladar está en contacto con la epiglotis.

2,5 - 4 meses	Hacen sonidos de arrullo y risas, chasqueos, ronroneos y gorgoritos. Los sonidos aún son nasales por la unión del velo del paladar y la epiglotis. Se producen algunas consonantes por el contacto del velo del paladar y la lengua.
4 - 6 meses	Aparecen juegos vocálicos y sonidos consonánticos (ajo, ago). Comienza el balbuceo que contiene en sí mismo elementos prosódicos de la lengua materna. La faringe se empieza a alargar y el velo del paladar se separa de la epiglotis. Se empiezan a producir /k/, /g/, /p/, /b/. Los bebés empiezan a reír.
6 - 10 meses	Aparece el balbuceo duplicado (mama, tata). A las 28 semanas, ya lleva un tiempo efectuando gran cantidad de vocalizaciones espontáneas y emitiendo vocales, consonantes y hasta sílabas y está casi listo para emitir de manera doble y precisa <ma>, <mu>, <da>. La articulación se produce sólo a través de la acción de la mandíbula.
11 -14 meses	Se establece el balbuceo variado (a-ba-ta, ta-ca-ta) y el balbuceo modulado (producciones sonoras ininteligibles e insertas en grupos de entonación discernibles, parafrases). Emergen las primeras palabras. Aparecen las inflexiones de interrogación y exclamación pero sin palabras totalmente formadas. Las palabras se integran en el ritmo de la lengua materna. La ausencia de la /i/ y la /u/ se debe a la maduración física.

| 14 - 18 meses | Se consolidan las protopalabras y las condiciones cognitivas para la transición al uso de la palabra. Mejora el control de la lengua gracias al crecimiento del tracto vocal. La aparición de los primeros molares y la mandíbula está más estable. Aparecen las consonantes bilabiales, glotales y algunas velares: /b/, /d/, /g/, /t/, /m/, /n/. Aparecen las consonantes finales sordas. |
| 18 - 24 meses | Consolidación del primer vocabulario infantil. Mayor variabilidad de consonantes sonoras y sordas: /p/, /s/, /f/. |

El lenguaje se desarrolla después de una larga exposición a estímulos sonoros y verbales tras la cual el niño, por su pulsión por establecer vínculos afectivos con el entorno y comunicar, aprehende el idioma de la cultura en la que está inmerso. Este aprendizaje esta íntimamente ligado al aprendizaje emocional y al desarrollo de procesos de elaboración de información.

A partir de los dos años el establecimiento del juego y del lenguaje es fundamental en el desarrollo físico, emocional, mental y social. El juego supone una experiencia de aprendizaje intensiva en la que los niños se abstraen y se concentran provocando una intensa actividad sináptica.

4.3.2 Desarrollo de la voz cantada

El balbuceo musical de los niños es similar al del lenguaje (balbuceo prosódico) durante el primer año de vida. El desarrollo de la voz cantada puede verse beneficiado de todos los sonidos que se pueden realizar mediante la interacción del aire, las cuerdas vocales y la resonancia que no implican lenguaje como son: la tos, los estornudos, los eructos, el hipo, los gritos, los gorgogeos, los gemidos y el llanto. No son precursores del habla pero sí de la voz cantada.

El grito y la risa no dan lugar al lenguaje pero tienen un significado emocional en la comunicación a lo largo de toda la vida del ser humano. Cuando a partir del cuarto mes empiezan a reír se incrementan los sonidos staccato y el balbuceo se torna más rítmico.

El grito se desarrolla conforme los bebés van creciendo y la frecuencia fundamental aumenta a medida que el bebé aprende el mejor grito para obtener la más inmediata respuesta del entorno. Es el sistema de comunicación más temprano, de manera que se han identificado gritos que expresan: hambre, malestar, dolor y miedo. Durante el primer año la frecuencia fundamental del grito aumenta de 441,8 Hz hasta 502,9 Hz mientras que en el mismo periodo la frecuencia fundamental del balbuceo desciende de 389,3 Hz hasta 336,9 Hz, hecho que evidencia el descenso de la laringe.

Por otro lado, la manera maternal de hablar, a su vez, contiene todos los elementos musicales de una canción y todas las culturas tienen canciones para los bebés, ya sea para calmarles o para activarles y generalmente cuando el cuidador le canta acompaña la canción con movimientos de manera que los bebés también asocian el sonido al movimiento.

Al igual que los niños aprenden los movimientos de la boca asociados al lenguaje también aprenden las posiciones que se adoptan al cantar, por lo que si queremos estimular su capacidad de cantar no bastará con ponerles canciones adecuadas, sino que también deberemos cantárselas y proporcionar el mejor modelo, es decir, deberemos cantar de manera relajada y sin tensiones para que puedan imitar las expresiones faciales del adulto.

La voz cantada necesita ser usada para poder desarrollarse, las habilidades musicales sólo se desarrollan si se les da la oportunidad. La afinación en esta primera infancia es a menudo aproximada, no sostenida, repetitiva, o parece una sirena. Gradualmente, intervalos, notas y ritmos son claramente discernibles y sostenidos. El educador ha de animar a la práctica y a la repetición y adaptarse en cuanto a las frecuencias que son accesibles para los niños, que generalmente son más agudas.

Etapas del desarrollo voz cantada

0-12 meses	Cambia de postura y mueve brazos y piernas ante un estímulo sonoro. Responden a la música con pequeños movimientos de brazos y con sílabas como /ba/. El bebé ríe cuando escucha cantar al adulto y busca las fuentes sonoras en el ambiente. Entre los 6 y los 10 meses los bebés reconocen canciones y distinguen variaciones en la melodía. Responden mejor a melodías sencillas con sentido tonal.

12-24 meses	Responden a las canciones con gestos y movimientos rítmicos, con patadas, palmadas o saltos y son capaces de tararearlas al mismo tiempo.

Reproducen vocalmente contornos melódicos y mantienen de manera consistente el ritmo durante un periodo más largo. Son capaces de detectar la dirección del objeto sonoro.

A los 18 meses pueden crear espontáneamente melodías, rehacer ritmos y melodías conocidas y acompañar de sonidos el juego y se mueven para potenciar la acción para potenciar la dramatización. Imaginación y acción se dan la mano.

24-36 meses	A partir de los dos años, son ya capaces de reproducir melodías y cantar canciones, saltar y bailar al son de una canción. Al mismo tiempo, se interesan por su letra, extraen de ella palabras y hasta oraciones e intentan conocer su significado. Entre los 18 y los 36 meses, los niños imitan o re-elaboran canciones que han escuchado. Disfrutan jugando a cambiar, inventando o recreando sus propias versiones de las canciones.

Pueden cantar espontáneamente pero no siempre con precisión hasta el Sib3. Pueden cantar y moverse al mismo tiempo.

36 meses hasta los 6 años	Pueden ir más allá del Sib3, cantar una canción entera y coordinar la parte superior e inferior del cuerpo con el pulso.

A los cuatro años, el niño es capaz de aprender una canción completa en corto espacio de tiempo, lo que facilitará el desarrollo de su memoria auditiva, su atención y en general un conjunto de aspectos cognitivos cuyo objetivo final será el logro del desarrollo musical infantil.

Los niños pueden aprender palabras en las canciones y pueden normalmente cantar melodías con independencia de las palabras. Cuando las palabras y el ritmo van unidos, los niños favorecen la precisión de la pronunciación de la palabra antes que la afinación de las notas, por un lado y, por otro, priorizan el ritmo por encima de la precisión en la afinación de las notas, con la afinación como última prioridad. Es por ello importante realizar juegos vocales desligados de las palabras con diferentes tipos de sonidos que le ayuden a ejercitar saludablemente su voz (/rr/, /la-la/, /mm/, etc.)

La combinación de palabras y música estimula el cuerpo para cantar y la mente a conocer las palabras que se están cantando. Desarrollar vocabulario es conocimiento léxico; saber cómo usarlo es conocimiento semántico. Ambos están incluidos cuando los niños cantan canciones. Por lo tanto las canciones no sólo son valiosas para el aprendizaje musical y el desarrollo de habilidades vocales y musicales, sino que son una herramienta potente de adquisición del lenguaje y ejercitación del aparato fonador.

Los niveles de musicalidad y confort vocal son muy variables en esta primera infancia. Algunos niños pueden cantar con una afinación y ritmo impecables y pueden aprender las canciones con precisión, otros con la misma edad y una estimulación diferente pueden tener más dificultades que el educador ha de ayudar a superar.

4.3.3. Características fónicas de esta etapa que condicionan la capacidad de cantar

Como criterios para desarrollar propuestas didácticas coherentes es necesario conocer las características fónicas en la primera infancia según los siguientes parámetros vocales:

- **La frecuencia fundamental del habla** varía considerablemente en este periodo. Ésta es la frecuencia en la que la emisión se produce con mayor facilidad y alrededor de la cual estarán más cómodos los niños cantando. La frecuencia del llanto del recién nacido se encuentra aproximadamente en el Do4. Conforme la laringe desciende y el tracto vocal aumenta su tamaño, la frecuencia fundamental desciende. A los dos años se encuentra aproximadamente en el Sol3, a los cuatro años se sitúa en el Mi3, a los seis años en el Re3 y a los 8 años en el Do3.

  La implicación didáctica de este hecho se encuentra en la altura a la que hay que proponer los juegos vocales, en esas frecuencias los niños estarán cómodos y la emisión será fisiológica y natural, hecho que favorecerá el desarrollo de la voz cantada.

  En cambio para los adultos, cantar en torno a las frecuencias anteriores mencionadas requiere, en la mayoría de los casos, de técnica y entrenamiento. Si no se está seguro del tono al que cantar se puede enseñar un fragmento musical (una frase, una tonada) y dejar que el niño cante libremente en el tono que le es cómodo (los niños varían naturalmente el tono para adecuarlo en cada momento al que les es más cómodo y natural), después el padre/educador puede averiguar y apuntar esa nota o frecuencia de referencia y proponer las siguientes actividades en ese tono.

Es el adulto el que debe adaptarse a las frecuencias que son cómodas y naturales al niño y no al revés. En numerosas ocasiones he observado a maestros y educadores proponer tonos demasiado graves para los niños que dificultan el desarrollo vocal porque generan compensaciones musculares debido a la capacidad de mímesis del niño con el adulto.

- **Extensión.** Los niños pueden explorar una gran diversidad de frecuencias, es decir tienen acceso a una gran variabilidad de notas tanto graves como agudas. Esto no quiere decir que puedan producir sonidos estables hablados o cantados en ellas, pero es necesaria su exploración para establecer la voz cantada.

  Los niños deben, en la primera infancia, descubrir infinidad de sonidos que pueden producir con su voz, pero no lo harán a través de canciones sino de juegos vocales exploratorios como, por ejemplo, la imitación de sonidos de animales u objetos (chasquidos, imitación de instrumentos musicales, etc.). De esta manera podrán ir explorando los diferentes modos de emisión. Esta estimulación es necesaria para ir adquiriendo una adecuada voz cantada progresivamente.

- **Las tesituras** a las que van a poder cantar los niños en esta etapa van a estar en torno a la frecuencia fundamental del habla y sólo podrán cantar en el primer mecanismo por lo tanto el control de la tesitura va a estar condicionado a la capacidad de estirar las cuerdas vocales (notas graves menos estiradas y notas agudas más estiradas) y hacer que contacten con más o menos superficie (sonido más ligero o sonido más lleno). La tesitura se va a corresponder con las frecuencias que emplean para hablar y no se observan eventos de cambio de registro debido a la inmadurez de la laringe (hasta los 4 años no se observa la estructura de capas de las cuerdas vocales). Los niños deben fonar con la laringe en posición de reposo y se debe evitar una fonación forzada (elevando o descendiendo en exceso o de forma artificial la laringe, en cualquier caso).

Entre los cuatro y los seis años la extensión es inferior a una octava. Se debe empezar a cantar en la tesitura Mi3-La3, posteriormente añadir el Si3 (agudo) y luego el Do3 (grave). En la segunda infancia las tesituras se mantendrán y ampliarán.

Por lo tanto no deben escogerse canciones que rebasen la tesitura entre Do3 y La3-Si3.

Las voces de los niños pueden emitir en tres franjas de notas o registros: graves, medias y agudas (graves, Do3-Mi3; medias, Mi3-Sol3; agudas, Sol#3-Si3) y es importante para los niños que no tienen buenos modelos para imitar ayudarles a controlar estas tres franjas de notas de manera progresiva.

Además de la consideración de la tesitura han de buscarse canciones con contornos melódicos sencillos, en tempo moderato, trabajados en intensidades limitadas (ni demasiado fuerte, hecho que hará que los niños griten; ni demasiado suave, que dificultará el control de la columna de aire).

Es importante invitar a los niños a cantar espontáneamente y jugar con su voz, muchas veces durante los juegos, durante las rutinas, etc.

- **Dinámicas y control vocal**
  El aparato vocal en crecimiento y formación va a limitar el control vocal. Con el crecimiento y el dominio progresivo del soplo, se produce una ganancia en intensidad y en estabilidad de la producción sonora, que va a beneficiar a la voz cantada.

  Los niños en esta etapa no van a ser capaces de mantener un sonido largo porque su aparato respiratorio no está completamente formado y la posición de las costillas va a condicionar la acción de los músculos espiradores.

  Tampoco van a ser capaces de variar las frecuencias de manera rápida (notas rápidas) porque sus cuerdas vocales (ligamento vocal y cartílagos) no están maduros y estables.

  El tamaño limitado del tracto vocal y la evolución de las estructuras (velo del paladar, epiglotis, descenso de la laringe) van a condicionar que los niños puedan realizar determinados tipos de sonidos. En las primeras fases serán más nasales y poco a poco serán más orales. La realización de las vocales está también condicionada en los primeros meses de edad. A partir de la aparición de los primeros dientes se produce un mayor desarrollo muscular del tracto vocal, incluida la musculatura de la masticación. Ese aumento de tono muscular permitirá una mayor variabilidad de movimiento que tendrá como consecuencia una claridad progresiva de la articulación. Por ello las canciones y tonadas que se propongan al principio, aunque el niño ponga todo su empeño, sonarán deformadas en cuanto a la producción de las vocales y la articulación.

Los niños no pueden realizar vibrato porque sus cuerdas vocales no están desarrolladas, por lo que los modelos a imitar deben proporcionar un sonido sin vibrato.

Las voces de los niños pequeños son a menudo claras y de timbre penetrante en la medida que experimentan con la resonancia, las vocales, las consonantes, el rango vocal, la afinación, los glissando y los ritmos. Ellos van progresando hacia una ejecución musical más organizada.

4.3.4. El desarrollo de la audiation en la primera infancia

De manera paralela al desarrollo de la voz se produce el desarrollo auditivo y de las aptitudes musicales. Gordon describió las etapas por las que pasan los niños hasta que son capaces de realizar la elaboración mental del sonido y coordinarla para imitar y cantar una canción de su cultura. Son descritas como *pre-audiation*, es decir, una preparación necesaria para el aprendizaje musical.

Las fases de la *pre-audiation* son:

❏ **Aculturación:** se produce principalmente en el hogar desde el nacimiento hasta los 2-4 años de edad. Los niños están expuestos en mayor o menor intensidad a diferentes manifestaciones musicales propias de su cultura: familiares que cantan o tocan instrumentos, grabaciones de música, conciertos didácticos, sesiones de estimulación musical, exploración sonora del entorno a través de objetos, etc. Los niños primero diferencian entre los sonidos que producen ellos, los que producen otras personas y los que se producen en el entorno. Después diferencian contrastes sonoros y poco a poco pasan de sólo oír a articular diferentes sonidos musicales con su voz (balbuceo musical), en el que se puede distinguir un balbuceo rítmico y otro melódico.

Esta fase tiene varios estadios:

- **Absorción**: el bebé escucha sin reaccionar y absorbe diferentes estímulos musicales que se quedan grabados en su corteza auditiva. El entorno debe ofrecer gran variedad de sonidos musicales de manera informal. Sin duda el canto de la madre y de los cuidadores es el estímulo más potente.

- **Respuesta aleatoria**: el bebé se mueve y produce balbuceo musical ante estímulos sonoros. Siente la necesidad de moverse y balbucear para estar en contacto con su entorno, pero no hay una elaboración consciente, no son imitaciones, tan sólo es experimentación vocal y corporal. Si la madre y los cuidadores reaccionan positivamente a dicha exploración y favorecen la experimentación sonora estarán favoreciendo su desarrollo. El objetivo fundamental es que los niños sigan exponiéndose al entorno musical, enriqueciendo la aculturación con músicas cada vez más complejas.

- **Respuesta intencionada**: el niño reacciona ante la música con una respuesta volitiva. Mientras que en los estadios 1 y 2 el niño recibía una guía no estructurada, en el estadio 3 se puede comenzar a estructurar a través de los patrones rítmicos y melódicos. El objetivo no está tanto en que los niños los imiten sino en que participen de ellos. A través de los patrones se comienza a comprender la sintaxis tonal y rítmica de las piezas que se han oído. Cuando el niño o niña comienza a cantar la tónica o la dominante del patrón que canta el adulto, entonces está preparado para pasar al cuarto estadio.

❏ **Imitación.** Se desarrolla entre los 2 y 5 años. Los niños participan tomando consciencia del entorno musical. El niño imita con cierta precisión.

Esta fase tiene dos estadios:

- **Dejando un lado el egocentrismo**: entre los 2 y 4 años toman consciencia de la diferencia entre lo que él hace (canta o interpreta) y lo que hacen otros niños o los adultos. El entorno les devuelve la imagen de sí mismos y de las diferencias que se producen en los patrones rítmicos o melódicos o de movimiento. No se les debe forzar a que reproduzcan correctamente los patrones, sino a que descubran la diferencia entre su producción y el modelo.

• **Descubriendo el código:** entre los 3 y 5 años y una vez es consciente de las diferencias, el niño trata de repetir los patrones que escucha. Aprende a imitar. Este aprendizaje debe ser mediado por los adultos, remedando las producciones de los niños para tratar de esclarecer lo que constituye el proceso imitativo.

❑ **Asimilación.** Se da idealmente entre los tres y los seis años. Durante los estadios seis y siete de la asimilación, el niño o la niña es capaz de coordinar con cierta precisión sus movimientos y respiración durante las canciones y los *chant* (este término hace referencia a la música que se interpreta sin un contorno melódico, que tiene sólo un componente rítmico). La principal diferencia entre la imitación y la asimilación es que mientras que en el primer tipo de pre-*audiation* el niño simplemente imita de una manera mecánica, en la asimilación el niño comienza a dar significado y a generalizar en relación a los componentes musicales (tal y como ocurre en el lenguaje verbal).

Esta fase tiene dos estadios:

• **Introspección**: entre los 3 y los 5 años son capaces de percibir que existe una falta de coordinación entre la respiración, el canto, el recitado y el movimiento y ellos mismos proceden a ajustarlos. Se les puede ayudar con ejercicios vocales.

• **Coordinación**: entre los 4 y 6 años. En este estadio final, el canto, el recitado, la respiración y el movimiento llegan a estar sincronizados. Esto se desarrolla a través de ejercicios que les hacen tomar consciencia del peso del cuerpo y del tono. Sin estos dos elementos no podrán coordinar sus movimientos con la música.

Según Gordon, estos siete estadios constituyen la preparación para la *audiation,* la cual se cultiva mediante un aprendizaje más formal. Aquellos niños que no han sido expuestos a la música a través de una guía informal, tanto estructurada como no estructurada, y que no han pasado por esos siete estadios, experimentarán muchas dificultades en la clase de música para entonar o moverse de manera coordinada con cierto sentido rítmico.

4.3.5. Consideraciones pedagógicas en la primera infancia

Cantar debe ser considerado como principio básico en la educación infantil, como un regalo que se concede a cada momento y que enriquece cualquier actividad que se esté realizando con o sin horario fijo en el hogar o en la escuela. Los niños aprenden música de manera informal y más o menos guiada en función de los contextos. Es muy importante asumir que el canto debe acompañar toda la vida infantil, en el aula y en el hogar.

La ventana de aprendizaje y de desarrollo de las aptitudes musicales que existe en la primera infancia no puede ni debe ser desaprovechada por padres y pedagogos. Los primeros años de sensibilización musical en el niño son muy importantes para posteriores avances en su educación musical. El final de esta etapa, sobre los 5-6 años, es un momento crítico en cuanto a la adquisición de la voz cantada.

La imitación es la principal herramienta de aprendizaje en esta etapa. Los padres y educadores deben procurar ser el mejor modelo posible, porque, al igual que los niños aprenden y perfeccionan su capacidad de hablar a través de los adultos de referencia que van corrigiendo diferentes aspectos del lenguaje, sucede igual en el aprendizaje del canto. Los niños necesitan escuchar mucha música vocal cantada por el entorno para poder desarrollar su capacidad de cantar.

La recomendación principal para ofrecer un buen modelo vocal a los niños por parte de los adultos es cantar canciones en las frecuencias y tonos en las que ellos pueden imitar cómodamente. Sin embargo, esto puede resultar complicado para aquellas personas que no tengan una adecuada técnica vocal puesto que las notas disponibles y cómodas del adulto se encontrarán en su registro de pecho y por tanto serán demasiado graves para los niños. Es necesario un cierto entrenamiento de los profesores de música para poder ofrecer un buen modelo y poder cantar en esas tesituras sin tensión, con facilidad, sin vibrato y con un sonido claro y equilibrado.

La primera infancia es una etapa de rápido crecimiento y, por lo tanto, de una cierta inestabilidad vocal, hecho a tener en cuenta por las familias y pedagogos que no deben sobrepasar los condicionantes fisio-lógicos de los niños y deberán elegir en cada momento actividades ade-cuadas a su proceso madurativo, evaluando las características fónicas de los niños.

Sin embargo, los niños deben ejercitar y estimular su aparato vocal de manera constante para favorecer un adecuado desarrollo de los teji-dos y las diferentes estructuras que lo conforman. El desarrollo neuro-muscular ha de tenerse en cuenta de una manera global y holística, la forma del aparato vocal va a condicionar la posibilidad de realización de determinadas actividades pero no por ello se han de dejar de hacer, ya que la estimulación mejorará la propia función y el desarrollo normal de dichas estructuras.

El juego y la música se reúnen para formar una de las actividades que más interesan, motivan y divierten a los niños. Las actividades pro-puestas han de ser lúdicas, estimulantes, han de ser desarrolladas en un ambiente emocionalmente seguro y se ha de permitir la experimenta-ción con los objetos y el juego con la propia voz y el cuerpo.

No se puede ni se debe desligar el movimiento y el uso integral del cuerpo con el aprendizaje vocal y musical. Los niños tienden a moverse ante los estímulos musicales, hecho que les ayuda a construir su esque-ma corporal general y a conocer y explorar los movimientos que les permitirán desarrollar una motricidad gruesa adecuada, base para el desarrollo de la motricidad fina al final de esta etapa y al principio de la siguiente.

Abordar el aprendizaje de cualquier materia a través del juego y de la música es un potente recurso para fomentar el interés, el entusiasmo y la ilusión. De aquí el valor que, desde el punto de vista didáctico, tienen los juegos musicales como elemento dinamizador y enriquece-dor de los procesos de enseñanza y aprendizaje.

La canción engloba ritmo y melodía y predispone el oído y la sensi-bilidad. Existen canciones para cada momento del día y para cada esta-do de ánimo: canciones para moverse, para dormir, para balancearse, para divertirse, para jugar, para dramatizar, etc.

Dentro de esta labor de estimulación musical se pueden realizar: juegos de percepción (auditiva, visual y sensorial-táctil), juegos de expresión (vocal, instrumental y del movimiento) y juegos de análisis (rítmico, melódico y armónico).

Los niños pueden estimular los diferentes mecanismos del aparato fonador con diferentes actividades: mejorar y controlar el soplo, emitir diferentes tipos de sonidos y en diferentes frecuencias, estimular la movilidad del tracto vocal, etc.

La mayoría de las actividades descritas para un grupo funcionan también en la interacción individual. Sin embargo, en el hogar la interacción uno-uno permitirá emplear recursos que en grupo es complicado gestionar y que son de gran utilidad tanto vocal como musicalmente.

▶ Actividades recomendadas

En este periodo el niño aprende a través de su cuerpo, de la interacción con otras personas y de objetos del entorno. El lugar preferente en el que reciben estímulos musicales es el hogar y en el jardín de infancia.

Los bebés deben experimentar con sus voces y pueden imitar e incluso igualar el tono desde los tres a cuatro meses de edad. Cuando son bebés la voz de la madre, si es la intérprete de las canciones, contribuirá aún más a fortalecer el desarrollo psicológico del niño creando vínculos afectivos que le ayudarán a crecer con más seguridad y confianza.

El canto intencional (cuando intentan reproducir una melodía conocida) puede comenzar alrededor de los doce meses. En este momento, los adultos pueden reconocer fragmentos de canciones a las que los bebés han estado expuestos. A través de la exposición continua al canto, a las canciones y al juego vocal, los niños pequeños pueden desarrollar el uso de su voz cantada durante los años restantes de la primera infancia.

No es recomendable que los niños a estas edades (porque no tienen la capacidad de asimilación) reciban lo que se entiende por clases de música o canto formales. Sí que pueden recibir una guía más o menos planificada o estructurada en el jardín de infancia o en sesiones de estimulación musical en centros especializados.

Estas sesiones son impartidas por los educadores infantiles o por pedagogos musicales especializados en la primera infancia. Tienen como objetivo principal el despertar sensorial, auditivo, musical y vocal y la comprensión intuitiva de la música como consecuencia de la exposición a la propia cultura.

La estimulación o iniciación musical debe comprender fundamentalmente actividades que estimulen y desarrollen: el movimiento y la percepción del propio cuerpo, la estimulación vocal y el establecimiento de la voz cantada, el desarrollo de la sensibilidad auditiva y la adquisición del oído interno y la socialización y expresión de emociones.

Para ello, las sesiones suelen ser totalmente prácticas y desarrollar actividades intrínsecamente musicales: canciones de bienvenida, danzas sencillas o movimiento libre, estimulación sensorial a través de objetos sonoros y pequeños instrumentos, etc.

En ocasiones, este tipo de sesiones pueden requerir la presencia de los padres junto con los niños hasta los tres o cuatro años con los objetivos, entre otros, de favorecer la integración del niño en el grupo y ofrecer una guía a los padres sobre las actividades que pueden desarrollar en el hogar para mejorar la adquisición de aptitudes musicales.

Sobre los tres años los niños son capaces, en un entorno sonoro rico, de imitar sonidos de animales y objetos; experimentar ritmos con palmas y pies; experimentar con instrumentos de pequeña percusión (pandero, claves, sonajas, crótalos, etc.); distinguir timbres de diferentes instrumentos; cantar canciones sencillas y cortas; cambiar o completar alguna palabra de una canción; cantar el contorno melódico con una sílaba; decir si una frase es igual o diferente en cuanto a ritmo y melodía; reconocer melodías y asociarlas a un contexto: cabecera de dibujos animados, canciones de rutinas, etc.

En cuanto la corporalidad, se reduce la inhibición de cantar en grupo; camina, salta, trota o corre en función del tempo de la música que escucha; consigue seguir el pulso de la canción haciendo palmas o empleando pequeños instrumentos; consigue sincronizar la marcha con el tempo de la música que escucha y le gusta repetir e imitar.

Entre los 3 y 6 años los niños cursan la educación infantil. Este momento es un periodo crítico en cuanto a la educación musical y vocal de los niños por varias razones. La primera es que en estas edades en las que los niños han adquirido el lenguaje, algunas las familias descuidan la estimulación vocal y en muchas ocasiones dejan de cantar a los niños en el hogar. Los maestros de infantil pasan a convertirse en adultos de referencia del niño con el que pasarán gran parte de su tiempo durante la semana.

Los maestros de esta etapa deben ser conscientes de que el modelo vocal que proporcionen a los niños va a condicionar su desarrollo vocal. Aquellos niños que se educan con adultos disfónicos, que emplean frecuencias demasiado graves al hablar o que poseen algún tipo de defecto al hablar presentan más dificultades para hablar o cantar que aquellos que tienen un modelo adecuado.

En la educación infantil formal los maestros emplean juegos de psicomotricidad, canciones de la propia cultura, bailes y juegos vocales para introducir rutinas, ampliar el vocabulario, aprender otras lenguas, jugar en grupo, etc.

Sin embargo para que el desarrollo de las aptitudes musicales se produzca adecuadamente es necesario que, además ser un buen modelo vocal para los niños, los docentes tomen en consideración que deben planificar este tipo de actividades cuidadosamente, empleando diferentes estrategias que han de comprender no sólo el aprendizaje de ritmos, melodías y canciones, sino también la adquisición de la voz cantada y un buen gesto vocal ya que es posible y deseable hacer diferentes ejercicios, que son el fundamentos de esa técnica y que se explican más adelante.

El maestro/educador puede establecer el rincón de la música y de la voz (también puede realizarse en el hogar) en el que los niños tengan disponibles materiales de estimulación musical y vocal. En el rincón podría haber: pequeños instrumentos (maracas, carracas, caja china, triángulos, sonajeros, crótalos, campanas afinadas, boomhackers o tubos afinados, palo de lluvia, diapasón), una pizarra con los pictogramas de las canciones que se han trabajado, juegos para control del soplo (carreras de bolas de poliespán que se mueven a través del aire que soplan los niños por una pajita contra las mismas), cuentos sobre música, dominó musical, fichas con las imágenes de los animales o pequeñas marionetas de dedo, una foto de las partes del cuerpo para que ubiquen dónde se produce el sonido, una imagen del oído, un espejo en el que mirarse mientras mueven las partes del cuerpo o de la cara, etc.

Sobre los 6 años son ya capaces de: disfrutar de la música y de la actividad musical; tener mayor control de su voz cantada y una afinación más precisa; cantar canciones sencillas solos y con otros niños; cantar para que otros le escuchen; identificar e imitar melodías simples; jugar mientras cantan una canción («Antón pirulero», «Al corro de la patata», «A la zapatilla por detrás», «Juguemos en el bosque», etc.); dramatizar canciones fáciles (añadiendo gestos); inventar canciones mientras juegan o cambiar la letra de las que conocen; aumentar su memoria auditiva y el repertorio de canciones que reconocen; y crear pequeñas melodías de manera intuitiva.

Corporalmente son capaces de: sincronizar el movimiento de manos y pies con la música; hacer propuestas rítmicas con instrumentos de pequeña percusión; saltar sobre un pie; bailar rítmicamente al son de la música; sentir placer en los juegos de concentración rítmica y sonora; y relacionar conscientemente la idea de tempo con la de pulso y acento.

Tienen una mayor comprensión del fenómeno musical y son capaces de entender auditivamente, corporalmente y durante la ejecución vocal: los conceptos lento/rápido; agudo/grave; fuerte/suave; los tempos binarios y ternario, aunque aún no los saben plasmar conscientemente; e identificar el timbre de diferentes instrumentos musicales.

Las siguientes actividades se proponen de manera global para este periodo. Es importante presentarlas y repetirlas en varios momentos como paso previo a que los niños puedan realizarlas. La edad y del grado de maduración es importante, por ello se ha de ir de lo más sencillo a lo más complejo cuando los niños comiencen a realizarlas y animar siempre a su ejecución pues tan sólo mediante ensayo-error lograrán alcanzar la pericia suficiente.

➲ Estimulación auditiva

- Cantar en el hogar es el recurso más potente por la carga emocional que lleva implícita.

- Poner al alcance de los niños pequeños instrumentos para tomar consciencia de los timbres: sonajeros, cajas chinas, maracas, tambores, cabuletes, campanas afinadas, xilófonos, teclados, etc.

- Fabricar pequeños instrumentos con objetos cotidianos: una maraca con una bola de plástico y garbanzos; tambor con un bote o una lata y un globo; etc.

- Emplear diferentes recursos vocales mientras se narra un cuento a los niños les invita a explorar su voz y a potenciar su imaginación. Haciendo las voces de los personajes, variando el ritmo y la modulación de las palabras, incluyendo expresiones de sorpresa, miedo, agitación, etc.

- Escuchar música variada: vocal, instrumental; clásica, popular, moderna, etc. es importante. El niño no mostrará preferencias pero su cerebro estará procesando los diferentes estímulos musicales.

- Existe una tendencia en la mayoría de países a una mayor oferta de conciertos para familias, gratuitos y de pago. Los padres han de saber que asistir como público es una potente estrategia de estimulación musical además de mejorar los vínculos familiares y les ayuda a entender los procesos de creación musical observando los instrumentos, los actores y cantantes, etc.

- Muchos centros educativos eligen canciones en lugar del sonido del timbre de llamada al inicio de las clases y van variando el repertorio cada cierto periodo de tiempo para estimular la curiosidad musical de los alumnos. En ocasiones eligen los propios niños las canciones y en ocasiones son los docentes con motivo de reforzar los proyectos del centro.

- En el aula de infantil, a partir de los tres años, los niños empiezan a poder distinguir contrastes entre dos melodías y es importante que el educador indique y explique la diferencia:

  ▶ iguales/diferentes: señalar a partir de qué momento se repite la melodía o cambia.

  ▶ alegres (mayores)/tristes(menores): las canciones más alegres lo son por emplear una escala mayor y hacer escuchar o cantar esa escala, y que las canciones más tristes lo son por emplear una escala menor y hacer escuchar o cantar la escala.

  ▶ tranquilas o bailables y explicar en su caso las diferencias de tempo y/o compás. Si la canción está en un compás ternario es importante decirles que entonces se pueden balancear o mecer y si está en binario entonces pueden caminar al tempo de la canción.

  ▶ pueden identificar una melodía conocida mediante el juego de las adivinanzas de canciones (tararear una canción y otro niño decir cuál es su título).

  ▶ son capaces de empezar a entender la estructura de una canción (estrofa/estribillo). Mejor empezar por melodías sencillas contrastantes (una parte más melódica y otra más rítmica) y ayudarse con gestos mientras se escucha o se canta. También puede ser de gran ayuda hacer un pictograma y/o también un musicograma y rodear las partes que forman la estrofa/estribillo.

⮑ Estimulación corporal

- El cuerpo del propio niño es el principal campo de exploración y aprendizaje. Se debe proporcionar espacio en el que el niño pueda explorar con seguridad y con amplitud de movimientos.

- Cuando son bebés, realizar juegos musicales que comprometan el movimiento del cuerpo y el tacto. El adulto mientras canta balancea al bebé, coge al bebé en brazos y baila; realiza sobre el cuerpo del bebé juegos del tipo de las canciones: «Sube la hormiguita, baja el elefante»; «Cuando vayas a la carnicería que no te corten», «Recotín recotina», etc...

- Imitar las caras de los demás o jugar a hacer muecas mirándose en el espejo. Se puede realizar delante del espejo o que el adulto o el bebé haga la imitación cual espejo. En este ejercicio es importante que el adulto le haga tomar consciencia de su boca, su lengua y su mandíbula proponiéndole diferentes acciones: abrir y cerrar la boca, sacar y meter la lengua, mover la lengua en diferentes direcciones, etc.

- Cantar canciones que impliquen tocarse alguna parte del cuerpo: mover los pies, las manos, extender y flexionar los dedos, tocarse la cara, la nariz, las orejas, la boca, los ojos, etc.

- Moverse con música de manera libre, haciendo movimientos más fluidos o más rítmicos en función de lo que se escucha.

- Bailar en corro, bailar en pareja y adaptar el movimiento al pulso de la canción.

- Caminar más rápido o más lento en función del cambio de tempo de la música y acompañarse con objetos sonoros adecuados a su edad (campanas, crótalos, claves, maracas, caja china, etc.)

- A partir de los tres años los niños pueden conocer y nombrar las diferentes partes de su cuerpo. El maestro puede disponer de láminas y dibujos del cuerpo que al mostrárselas les ayudarán a mejorar su consciencia corporal.

- Pueden también aprender a relajarse y a estar tranquilos concentrándose en su respiración, escuchando música tranquila y suave. Existen programas de yoga para niños en los que se enseñan las principales posturas y que ayudan a la concentración y la coordinación. Si estos ejercicios se combinan con la respiración haciendo una /s/ mientras espiran, se les ayuda a mejorar la coordinación respiratoria necesaria para desarrollar un buen gesto vocal.

- Las actividades deben ir dirigidas a mejorar la psicomotricidad gruesa de manera que se han de trabajar: secuencias de movimiento y reposo; caminar, correr, agacharse, saltar; conceptos de rápido/lento, pulso; coordinación entre partes del cuerpo: abrir y cerrar brazos a la vez y de manera alterna, subir y bajar los brazos a la vez y de manera alterna, etc.

- Los niños son capaces de aprender los pasos de danzas sencillas y coordinar el movimiento de los brazos y las piernas.

- Son capaces de imitar un ritmo sencillo, por lo que se pueden proponer ejercicios con las palmas o con pequeños instrumentos.

➡ Estimulación vocal

- Los adultos han de elegir algunas canciones para acompañar rutinas diarias que han de cantar regularmente para favorecer el desarrollo de la memoria musical a largo plazo. Los niños observarán el movimiento de la boca del adulto y captarán el significado de las palabras y de los contornos melódicos. Si esas canciones reúnen las condiciones adecuadas en cuanto a ámbito melódico, tesitura y ritmo sencillo y tempo moderato, serán imitadas fácilmente por los niños. Es aconsejable trabajarlas con movimientos corporales.

- Los adultos harán bien al imitar los sonidos que hacen los niños a modo de espejo, como si fuera una conversación en un idioma inventado.

- Se puede fomentar la creatividad contando una historia cantando. Empezar con dos personajes: qué edad tienen, qué hacen, qué comen, cómo suenan cuando hablan o cantan. Se debe comenzar cantando un diálogo entre el carácter del adulto y el del niño. Dejar tiempo para que el niño elabore sus respuestas. Durante varios días seguir con la historia por pocos minutos.

- La experimentación vocal a través de juegos vocales es esencial y los ejercicios de imitación de sonidos característicos de objetos (imitación de campanas, moto, golpes en mesas de distintos materiales y tamaños, maracas, castañuelas, etc.) y de animales se pueden introducir en las primeras fases del desarrollo. Al niño le llamará la atención el contraste. Se pueden emplear imágenes o marionetas de dedo para estimular que el niño explore los sonidos de animales. Cuando se cuenten cuentos se pueden imitar voces y emplear diferentes efectos para favorecer también la comprensión de las palabras; si se cuentan varias veces, los niños querrán hacer el sonido cuando llegue el momento, por ejemplo, soplar en el cuento «Los tres cerditos».

- Si el niño explora su voz sentirá mayor facilidad y libertad a la hora de imitar canciones que le propongan. Para construir el esquema corporal vocal en la primera infancia se ha de trabajar:

⮑ POSTURA

- Los adultos han de ayudar a los niños a sentir su verticalidad. El trabajo de la voz ha de ir acompañado de movimiento para que el aprendizaje sea más significativo y consistente. Se ha de vigilar que no hiper-extensionen las rodillas hacia atrás y ayudarles a encontrar el punto de equilibrio. Se les ha de enseñar a sentarse sobre los isquiones.

- Se han de estimular las partes del cuerpo implicadas en la fonación, sobre todo la cara y el cuello: mover el cuello a un lado y a otro y delante y detrás; masajear la cara: la frente, las mejillas; abrir la boca desde la articulación de la mandíbula de manera que se vean los dientes superiores e inferiores; enseñar los dientes, cubrir los dientes con la lengua, sacar la lengua hacia afuera, moverla de un lado a otro; juntar los labios y dar un beso al aire.

⮎ RESPIRACIÓN

* Para estimular el sistema respiratorio se les puede decir que inspiren como si olieran una flor o algo agradable.

* Para activar la musculatura costal se les puede decir que jadeen como un perro.

* Los niños no van a poder realizar aún una respiración costo-diafragmática. Sus respiraciones profundas serán abdominales por lo que se les puede hacer poner las manitas en el vientre para que sientan la expansión del mismo ya sea sentados o de pie.

* En el hogar se puede realizar una estimulación del gesto respiratorio con actividades como soplar a través de una pajita y hacer burbujas continuas con la misma sobre líquido. El niño experimentará a su vez para hacerlas más grandes o más pequeñas. Este es un potente ejercicio de control del soplo.

* También pueden hacer pompas de jabón, soplar silbatos, flautas de émbolo, flautas de agua y, con supervisión de un adulto, soplar velas. Pueden soplar las velas imaginarias de un cumpleaños o soplarse las uñas como si quisieran secárselas después de pintarlas

* Se pueden poner las manos como si fuera un cuenco con sopa y soplarlo para enfriarla.

* Jugar a soplar por una pajita y mover una bola de poliespan: como si fuera una carrera o un partido de fútbol.

* Hacer juegos rítmicos con /Ts/ /Ts/ o coordinar los movimientos mientras hacen una /s/ continua, por ejemplo: levantar un brazo mientras se inspira y bajarlo despacio mientras se hace la /s/ en la espiración.

⮎ EMISIÓN

* Los niños son capaces de realizar una gran cantidad de sonidos (sonidos accesibles) pero sólo pueden cantar en un rango limitado de notas (sonidos disponibles) por lo que se deben hacer ejercicios de exploración cuyo objetivo es el acceso a los primeros y ejercicios de entonación o canciones en los que el objetivo será el acceso a los segundos. La exploración de los sonidos disponibles,

ya sean muy agudos o muy graves es necesaria para establecer progresivamente una buena voz cantada.

• Coordinación fono-respiratoria: animar a emitir un sonido o cantar mientras se hacen burbujas con la pajita en el agua. También se pueden hacer sirenas sobre una /r/ o cantar a través de un kazoo.

• Los ejercicios de exploración vocal sobre una afinación indeterminada o sobre la frecuencia fundamental del habla estimularán también la producción de vocales y consonantes. El objetivo es la exploración en sí misma y estos sonidos de sonidos pueden ser acompañados por un gesto o movimiento corporal.

• La imitación de sonidos característicos de animales y objetos estimulan por sí mismos. En este trabajo de exploración se pueden emplear cambios de frecuencia agudo/grave para favorecer la movilidad de la laringe.

  ‣ **El pollito:** para explorar frecuencias agudas /pio-pio-pio/. Se puede acompañar de movimiento de los brazos.

  ‣ **El gallo:** permite explorar frecuencias agudas /ki-ki-ri-ki/.

  ‣ **La gallina:** permite explorar frecuencias medias /ko-ko-ko/.

  ‣ **El pato:** permite explorar frecuencias medias y fortalecer la musculatura de la faringe /kua-kua-kua/.

  ‣ **El gato:** permite explorar los glissando desde el agudo al grave o sirenas /miau/. Ayuda a los niños a descubrir frecuencias agudas.

  ‣ **La vaca:** permite explorar la resonancia y las sensaciones faciales /muuuu/.

  ‣ **El perro:** permite explorar la apertura de la boca en vertical y sonidos más graves /guau/.

  ‣ **La serpiente:** permite explorar el sonido /s/ mantenido de manera que se trabaja la coordinación fono-respiratoria junto con el movimiento.

  ‣ **La abeja:** permite trabajar la coordinación fono-respiratoria con sonido sobre una /z/ o /s/ sonora.

- **El búho:** permite explorar los glissandos sobre una /u/ y fortalecer el tracto vocal.

- **El burro:** permite explorar sonidos aspirados /i-oo, i-oo/.

- **El cerdo:** permite el trabajo de sensibilización del velo del paladar /gr/ aspirada.

- **La sirena de bomberos:** permite explorar frecuencias agudas: /ni-no-ni-no/.

- **El sonido de un motor** (coche o moto): fomenta la coordinación fono-respiratoria, se realiza sobre una /r/ y en glissando.

- **El sonido del tren:** trabaja la musculatura de la respiración / chu-cu-chu-cu-chu/.

- **El tambor:** permite introducir al mismo tiempo conceptos rítmicos /pam- pam- pam/.

- **Las castañuelas:** permite trabajar el movimiento de la lengua al realizar el chasquido con la misma (chasquidos de lengua)

- **Las maracas:** permite ejercitar un soplo más energético /sch/.

- El siguiente paso sería proponer melodías o pequeños fragmentos y cantarlas como lo haría un determinado animal. Esto además les ayudará a trabajar la afinación puesto que cuando se canta sin letra, la atención se centra más en las notas/frecuencias.

RESONANCIA Y ARTICULACIÓN

- La laringe sigue descendiendo su posición en el cuello y el tamaño del tracto vocal aumenta. No se separan los ejercicios de resonancia de los de articulación porque el tracto vocal todavía no permite independizar la musculatura para realizarlo. Poco a poco la musculatura se va desarrollando y por ello la articulación va a ser imprecisa. Les va a costar hacer las /e/ y las /i/ y los sonidos van a ser en un principio nasales y poco a poco se tornarán más orales. Ello no implica que no se les deba corregir, hay que evitar hablar con los defectos del habla del niño y se les ha de instar a pronunciar bien las palabras. Lo mismo sucede con las líneas melódicas. Se les ha de incitar a copiar bien cuando aprendan una canción. Esto mejorará el desarrollo de su oído interno y su coordinación.

- El adulto debe cantar de manera cómoda en las tesituras accesibles de los niños para que puedan imitar las posiciones de la boca, labios, mandíbula. Se pueden hacer juegos de acentuación, pregunta/respuesta primero con sílabas /ta-ta/, /da-da/, etc.) y después con frases sencillas. Se puede cambiar alguna palabra en la frase de una canción.

- A partir de los tres años, para que los niños entiendan el concepto de resonancia es interesante hacer una melodía sencilla como por ejemplo «El patio de mi casa», sustituyendo todas las vocales primero por /i/, luego por /e/, luego /a/, luego por /o/ y finalmente por /u/. Se darán cuenta que están cantando las mismas notas pero el timbre cambia según empleen una vocal y otra y las sensaciones también cambian.

- Si los niños tienen dificultades con alguna consonante se les puede proponer hacer juegos y/o canciones con las sílabas que más les cuestan. Los niños pueden cantar una canción sustituyendo la letra por una sílaba que incluya la consonante que le resulta dificultosa. No es importante entonces el significado de la canción al producirse con sílabas neutras, es decir, si el niño tiene dificultades con la /d/, debería cantar con /da-da-da/ una melodía; si la dificultad es con la /r/, con /ro-ro-ro/, etc.

4.3.6. Repertorio

Algunas ideas para trabajar la imitación de sonidos, gestos y canciones son:

❏ **La maleta viajera**

Es un recurso potente en la etapa infantil para trabajar de manera integral la voz y el cuerpo. Es un cuento participativo por lo que se fomenta la creatividad de los niños. En las primeras sesiones puede estar más dirigido por el maestro y una vez los niños entienden la dinámica pueden proponer e intervenir en las siguientes. Se puede emplear una maleta real o imaginaria.

El maestro comienza explicándoles que se van a ir de viaje y para ello se tienen que preparar. Para ello primero han de coger la maleta que está guardada en el altillo del armario por lo que deben estirarse para cogerla (todos estiran el cuerpo y los brazos y se intentan poner de puntillas, se mantienen en esta posición y cuando ya han logrado coger la maleta la colocan en el suelo flexionándose).

El maestro les dice dónde van a viajar: (a la montaña, a la playa, a la ciudad, etc.) de manera que proponen aquello que van a necesitar (crema para el sol, gorra/gorro, guantes, zapatillas, etc.) y así se trabaja la expresión verbal.

Una vez colocado todo en la maleta se ha de elegir el medio de transporte (coche, tren, avión, etc.) de manera que se realizará el sonido y el movimiento en grupo en círculo o en fila.

Una vez llegado al destino deberán abrir la maleta y vestirse: harán el gesto de ponerse la crema masajeando la cara, de colocarse el gorro, la chaqueta, las zapatillas, etc.

Empieza la aventura: en este momento el maestro puede contar que van caminando por un camino y se encuentran un animal y ¿qué hacen ellos?... Pueden encontrarse con una persona que habla de manera peculiar... En este momento se pueden introducir todo tipo de sonidos vocales e incluso pequeños instrumentos.

Una vez termina la aventura vuelven a casa en un medio de transporte, vacían la maleta y vuelven a colocar en el armario. Aquí se pretende el cierre de la historia, la estimulación motriz y que al acabar la actividad el aula o la habitación quede recogida.

❏ **Cuentos y dramatizaciones**

Los adultos pueden realizar sonidos en los cuentos, así como diferentes voces para representar a los personajes. Es posible que las primeras veces los niños sólo presten atención a los sonidos pero después hay que animarles a ellos a hacerlos. Esto les ayudará a emplear los sonidos posteriormente durante sus juegos.

❏ **Patrones rítmicos y melódicos**

El maestro debe limitarse a que los niños trabajen patrones melódicos al principio de Mi3 a La3 y posteriormente de Do3 a Si3. Realizar ejercicios de patrones sin texto permite mejorar la afinación y la precisión rítmica. Se pueden hacer con una sílaba neutra o con el nombre de las notas.

El maestro, para establecer un vocabulario básico musical, puede practicar ejercicios rítmicos con y sin texto y melódicos con y sin texto.

• *Ejercicios rítmicos*: se pueden realizar con la voz o con el cuerpo (palmas). El maestro propone una secuencia de 3-4 elementos que los niños repiten en eco. Se puede reforzar esta actividad escribiendo en la pizarra líneas más cortas o más largas o figuras musicales sencillas.

• *Ejercicios melódicos*: el maestro propone una secuencia de 3-4 notas en la tesitura que los niños pueden cantar (notas accesibles). Si no es capaz de cantar en esta tesitura puede reproducir la secuencia con un teclado, flauta melódica o xilófono. Se puede dibujar una línea continua ascendente/descendente, según el caso, para indicar si el sonido es agudo o grave. También el maestro puede hacer la secuencia poniéndoles el nombre a las notas (solfeando).

❏ **Canciones**

• Se puede recopilar en un cuaderno las canciones que se trabajan en el aula a modo de cancionero que favorezca la adquisición de otras habilidades cognitivas (pintar, escribir, leer, recortar, pegar, dibujar, etc.). Muchas escuelas trabajan por proyectos por lo que se pueden incluir en el proyecto las canciones relacionadas con el mismo.

• Es aconsejable compartir el cancionero con las familias para que los niños puedan cantar con sus padres y poco a poco asimilen las canciones que se trabajan en el aula. Para ayudar a las familias se puede facilitar la partitura, el vídeo o la grabación de la misma a través de la web del aula u otros medios de comunicación con las familias. Es una buena estrategia para mejorar la relación familia-escuela.

• Los niños deben cantar a una voz. Al final de esta etapa se pueden introducir canciones pregunta/respuesta para ir trabajando la estructura de las canciones.

• La canción ha de ser seleccionada adecuadamente, es decir, debe reunir las características adecuadas a la edad en cuanto al ámbito melódico, tempo y dificultad de la letra. Se ha de huir de los extremos en cuanto a tempo (ni demasiado rápido ni demasiado lento), dinámicas (ni demasiado fuerte ni demasiado suave), cantidad y sentido del texto y dificultad rítmica. Procurar que las melodías vayan por grados conjuntos y no tengan intervalos mayores a una quinta o sexta.

- A la hora de seleccionar las canciones hay que tener en cuenta el grado de adquisición de la voz cantada y las notas accesibles para los niños. Conviene dejar que canten libremente para que escojan en cada momento el tono más cómodo para ellos en el que la voz no suena forzada.

- Los maestros deben ser conscientes de que el instrumento vocal es delicado en esta etapa y que no todos lo niños podrán realizar las actividades con la misma pericia por lo que si observan que la mayoría del grupo no es capaz de aprender la canción deberán plantearse elegir una más sencilla.

- Ha de ser presentada por el docente en el tono exacto y adecuado para el canto de los niños, es decir teniendo en cuenta las notas accesibles o tesitura de la voz cantada, para ser imitada por los niños en ese tono. En caso que el docente no pueda cantar cómodamente en esa tesitura puede enseñar la canción pero después dejar que los niños acomoden el tono y canten solos escogiendo el tono más adecuado.

- Es de gran ayuda resaltar las palabras importantes a través del movimiento, de gestos o imágenes. Se ha de cantar la canción entera varias veces para que los niños capten las estructura. Después se puede enseñar frase a frase a través de la imitación vocal coordinada con el movimiento. Posteriormente se pueden hacer ejercicios de cantar la canción entera en la que se divida el grupo en dos y cada frase sea cantada por un subgrupo. El maestro debe permitir que canten en grupo grande/grupo pequeño e individualmente.

- Las canciones no deben ser cantadas únicamente con la letra, es importante trabajar las melodías de manera independiente. Y el recurso más eficiente es recurrir al canto a modo de:

  ▸ La serpiente: con una /Ts/ en cada nota. Se estará trabajando la musculatura respiratoria, el ritmo y la memoria.

  ▸ La abeja: cantar sobre una /z/ o /s/ sonora produciendo el zumbido de la abeja. Al mismo tiempo se estará trabajando la coordinación fono-respiratoria.

- La moto: cantar la melodía sobre una /r/ continua. Se estará trabajando la coordinación fono-respiratoria.

- La vaca: cantar con boca cerrada sobre una /m/. Es importante que el sonido sea continuo sin golpes. Se estarán trabajando la resonancia y las sensaciones de vibración en la boca y la cara.

- El loro: cantar la melodía con la sílaba /la/, un /la/ en cada nota. Se estará trabajando la precisión en la afinación de las notas y la musculatura de la parte delantera del tracto vocal.

- El pato: cantar la melodía con la sílaba /kua/, un /kua/ en cada nota. Se estará trabajando la precisión de la afinación y la musculatura posterior del tracto vocal (faringe).

- El búho o el fantasma: cantar la melodía sobre una /u/. Se está trabajando la apertura de la mandíbula y el tono del tracto vocal.

• Para realizar esta actividad de manera más participativa y dinámica se puede emplear el juego de «La brújula del canto» que tiene como objetivo adquirir recursos vocales y favorecer el desarrollo muscular que permita la adquisición de la técnica vocal futura. En él se propone que las canciones se interpreten imitando diferentes sonidos. Da más opciones cuando los niños conocen varias canciones: jugar por equipos, proponer canciones temáticas, etc. El juego se puede descargar de manera gratuita visitando: www.labrujuladelcanto.com/2019/01/juego-didactico-de-la-brujula-del-canto.html

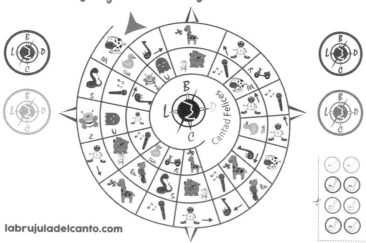

El juego de La Brújula Del Canto

labrujuladelcanto.com

Los tipos de canciones pueden estar relacionadas con:

A: Canciones de rutinas: para dar los buenos días, para despe-
dirse, para pedir silencio, etc.

B: Canciones de juegos: «La gallinita ciega», «Juguemos en el
bosque», «A la zapatilla por detrás», etc.

C: Canciones sobre temas infantiles: las estaciones, la naturaleza, los animales, para trabajar una temática, etc.

D: Canciones de fiesta: villancicos, Pascua, verano, etc.

E: Canciones con gestos y movimiento.

4.4. La segunda infancia: niños entre 6 y 12 años o el inicio de la pubertad

*«Todos los niños tienen derecho a recibir una educación musical equi-
librada, comprensiva y secuencial impartida por maestros de música
cualificados.»*

(MENC, 2007)

Cuando los niños comienzan la educación primaria su desarrollo cerebral es ya del 90% de su tamaño máximo y se encuentran suficientemente maduros física, mental y emocionalmente para recibir una educación más formal, la cual incluye también el aprendizaje sistemático de
la música.

El curriculum musical escolar incluye entre otros contenidos: aprender a cantar, notación musical, historia de la música, apreciación musical, actividades de ritmo y aprendizaje de canciones. Por lo tanto la
educación vocal debe ofrecerse a todos los niños y no sólo a aquellos
que participan en actividades musicales extra-escolares.

Los niños en la segunda infancia, si han tenido los estímulos musicales y vocales suficientes en la etapa anterior, suelen interesarse por las
clases de música u otras actividades educativas musicales más formales
de manera extra-escolar. Se recomienda empezar la formación musical
y vocal a partir de los 6-7 años.

Las familias tienen una importante influencia en el desarrollo musical de los niños pero un maestro de música, profesor de instrumento/ canto o director coral inspirador puede marcar la diferencia en la vida musical de un niño en este momento.

Todas las personas tienen una especial sensibilidad a que otras personas califiquen su voz porque la voz es parte de su identidad y su mundo emocional. Los niños son especialmente vulnerables a las apreciaciones de los adultos de su entorno y acaban asumiendo que son buenos o malos en según qué actividad por las valoraciones que reciben.

Para ayudar a los niños a adquirir habilidades, tanto familias como docentes deben ser conscientes de los procesos y sobre todo que la educación primaria es crítica para la adquisición de aptitudes diversas. Es necesario animar y alentar a los niños a aprender a cantar y a entender que si practican cada vez lo harán mejor. Sin este refuerzo los niños van perdiendo progresivamente el interés y la motivación.

Es tarea de los docentes observar el grado de desarrollo de la voz cantada y proponer actividades que permitan la adecuada adquisición de la misma y su desarrollo. Los docentes han de evitar calificar negativamente las voces de los niños porque al igual que son capaces de entender que cada niño tiene su personalidad y sus capacidades y que pueden adquirir infinidad de habilidades mentales y motrices (escribir, leer, saltar, patinar, etc.), han de asumir que también pueden aprender a cantar. La falta de estrategias por parte de los docentes para enseñar a cantar a los niños no debería condicionar el desarrollo vocal y musical de los mismos.

El aprendizaje musical no es la única razón de aprender a cantar en esta etapa. Todos los niños se beneficiarán de la adquisición de un buen gesto vocal independientemente de la competencia vocal que desarrollen. El canto puede ser de gran ayuda en la prevención de disfonías y malos hábitos vocales ya que aprenderán a cuidar su voz. Cuando los niños sienten seguridad y dominio a la hora de usar su voz, mejoran también sus habilidades para hablar en público con soltura.

4.4.1. Consideraciones históricas sobre el aprendizaje formal del canto en los niños

Tradicionalmente se ha desaconsejado que los niños tomen clases de canto individuales y de hecho no existe (en España) la especialidad de canto en las Enseñanzas Elementales de Música oficiales porque se ha asumido históricamente que los niños aprenden a cantar por sí mismos en la infancia, que el aprendizaje formal debe realizarse una vez se ha producido la muda de la voz y que el aprendizaje del canto se ciñe a cantar un determinado estilo únicamente.

La asunción de que los niños aprenden solos a cantar ha sido desmentida por la ciencia ya que todo aprendizaje adecuadamente guiado es más consistente y seguro. Sin embargo asumir este mito ha tenido varias consecuencias en cuanto a la pedagogía del canto se refiere. En primer lugar ha facilitado que muchos docentes de canto hayan tomado por cierta una realidad fundamentada en la tradición y no en estudios científicos y, en consecuencia, que no es necesario intervenir para que los niños aprendan a cantar. En segundo lugar, esta creencia ha dificultado la investigación por parte de los profesores de canto sobre las metodologías, repertorios y actividades vocales adecuadas en cada fase de desarrollo.

Por otro lado, el hecho de asociar el aprendizaje del canto a cantar un determinado repertorio ha alejado a los docentes de la realidad de que aprender a cantar está más relacionado con adquirir un buen esquema corporal vocal que con aprender un tipo determinado de música. Un buen gesto vocal permite adaptar un repertorio adecuado a la edad y maduración vocal de la persona y al tipo o estilo de música que se quiere interpretar.

Es preciso realizar un cambio de paradigma ya que estos planteamientos están totalmente obsoletos y carentes de fundamentación científica y pedagógica. Es preciso centrarse en cuáles son las mejores maneras de enseñar a los niños y por qué a algunos les cuesta más que a otros, para poder ayudarles.

La opinión de que los niños cantan por sí solos y que deben esperar a la maduración de la voz para asistir a clases de canto no ha sido siempre compartida por los profesores de canto. Ya el pedagogo John O. Samuel (1950) opinaba que era un error pensar que no se pudiera o no se debiera enseñar a los niños los principios fundamentales que rigen el funcionamiento de la voz, ya que su conocimiento les haría más conscientes y capaces. Argumentaba que si es posible enseñar a un niño a tocar el piano y el violín no había razón que impidiera aprender a cantar y que si aprende de una manera correcta el funcionamiento de su voz, este conocimiento permanecería hasta la etapa adulta.

Pedagogos del canto más actuales defienden que desde los 6 años hasta la pubertad se puede enseñar técnica vocal de manera segura para los niños (Skelton, 2007; Sataloff y Spiegel, 1989). Desde los 5 hasta los 7 años, los niños pueden comprender el funcionamiento de la voz, aprender a cantar de manera musical y expresiva. Es más, afirman que el aprendizaje de estos recursos musicales y expresivos durante la segunda infancia permanecerán de una manera consistente durante los cambios que se produzcan en la pubertad. La mayoría de los cantantes que reciben formación vocal a una edad temprana tienen un mayor control de su voz que facilita el proceso de la muda vocal y esta se produce de manera más gradual que en aquellos individuos que no la han recibido.

La National Association of Teachers of Singing (NATS) americana realizó, en el año 2003, un posicionamiento oficial sobre la enseñanza del canto individual en los niños que abogaba por enseñar las bases de la técnica vocal a los que desearan adquirir esa formación ya que no existe ninguna evidencia científica, fisiológica o pedagógica que indique que la práctica de la enseñanza del canto sea inherentemente perjudicial para el cuerpo, la mente o el espíritu de los niños. En el documento *Teaching children to sing* se han establecido las bases para definir qué y de qué manera se debe enseñar a cantar a los niños. Los cantantes entrenados de cualquier edad son menos propensos a dañar sus voces que aquellos que no reciben formación vocal. La clave está en desarrollar ejercicios técnicos y seleccionar el repertorio adecuado a la edad del niño y asumir que no son «adultos en miniatura», tal y como sucede en otras disciplinas musicales o artísticas.

La voz infantil aún inmadura, tiene características específicas (anteriormente descritas) que deben considerarse y que son diferentes de las de las voces adultas de hombres o mujeres. Estas características están relacionadas con la anatomía, la fisiología y el desarrollo de las estructuras del tracto vocal de los niños y deben ser tenidas en cuenta a la hora de enseñar a cantar a los niños.

En palabras de Sataloff y Spiegel (1989): «La comprensión del desarrollo normal de la voz humana a lo largo del tiempo es importante para reconocer un problema vocal y para planificar el entrenamiento vocal. La voz es compleja y dinámica. Los cambios delicados y rápidos durante la adolescencia requieren de un extremo cuidado y respeto. Siempre que recordemos que los niños son niños, y tratemos sus voces atendiendo a los límites que imponen sus cuerpos y sus mentes, se puede enseñar a cantar casi a cualquier edad».

Por lo tanto la pedagogía del canto actual tiene una concepción más amplia de lo que es cantar que incluye cantar diferentes estilos musicales y basar la formación vocal en el desarrollo fisiológico de la voz. En el caso de los niños, el objetivo es establecer su voz cantada y desarrollar sus aptitudes y habilidades musicales en base a su evolución física, mental y emocional.

Que los niños asistan a clases de canto individuales a partir de los 7-8 años es tan saludable como asistir a clases de guitarra o piano. De hecho, se aconseja la interacción uno-uno en la mejora de las habilidades para cantar a cualquier edad.

Los docentes deben adaptar y secuenciar las actividades de entrenamiento vocal y musical a la madurez física y mental del niño para que desarrollen las habilidades básicas que después les van a permitir interpretar un determinado repertorio. El problema está en que no todos los docentes de canto tienen preparación y experiencia en el trabajo de este tipo de voces.

Por otro lado, y contradiciendo la tradición asumida en lo que se refiere a la enseñanza del canto individual, existe en Europa una gran tradición, de más de cinco siglos, de formación vocal de los niños en las escolanías vinculadas a catedrales y monasterios, que ofrecen a los niños educación musical y vocal (en algunos casos también niñas) entre 8 y 12 años.

Estas instituciones han desarrollado sus propias metodologías basadas en el desarrollo de una manera sana de cantar, denominada «canto fisiológico» y han ofrecido formación vocal y musical a infinidad de músicos entre los 6-8 y 12 años. Estas escolanías han desarrollado metodologías que atesoran una gran experiencia en cuanto a lo que las voces de niños pueden «dar de sí» y que en la mayoría de los casos la ciencia ha avalado con el fin de proporcionar información rigurosa a los maestros y educadores vocales.

El profesor Ireneu Segarra, que estuvo al frente de la Escolanía de Montserrat, realizó una renovación de la pedagogía musical basándose en los principios propuestos por Kodály, Willems y Dalcroze. Afirma en su libro *La voz del niño cantor* (1968) que «entre los seis y los ocho años el niño está en las mejores condiciones para iniciarse en el canto», tal y como han demostrado posteriormente los estudios sobre la fisiología vocal y el desarrollo musical. Las líneas maestras propuestas por estos pedagogos fueron: la participación activa adecuada a la edad, a la capacidad y a la necesidad de cada niño; la práctica musical como precursora del conocimiento y al análisis de la misma; el descubrimiento personal y la parte creativa que caracterizan la educación sensorial, indispensable para una buena asimilación y comprensión; el canto como primer vehículo musical y la experimentación del fenómeno musical en el propio cuerpo; el uso de la canción tradicional como primera herramienta de trabajo; el desarrollo del oído interior o lo que es lo mismo, la capacidad de imaginar sonidos sin producirlos; el estudio del lenguaje musical en toda su totalidad a partir de las relaciones sonoras, rítmicas y melódicas dentro del contexto musical y no de la grafía.

Actualmente se ha demostrado que cuando un niño participa en una actividad coral, las cualidades vocales mejoran y la extensión vocal aumenta siendo el mejor periodo para cantar entre los 9 y los 14 años, aunque la educación vocal puede comenzarse entre los 6 y los 8 años. Los niños que cantan en coros obtienen mejores resultados académicos, más autodisciplina, mejor capacidad de memorización y mejores capacidades para relacionarse. Además aprenden de manera práctica organización social, a compartir música con los demás, disciplina para cantar juntos a una y varias voces, la emoción de los conciertos y el orgullo de pertenecer y trabajar en un grupo.

También es importante destacar que el canto forma parte del currículum de la educación primaria obligatoria y los maestros deben desarrollar estrategias que permitan un desarrollo saludable de la voz a la par que se van desarrollando las aptitudes musicales.

Existen diferentes proyectos artístico-musicales que promueven la formación musical para niños de estas edades, por esta razón, los profesores de lenguaje musical y coro, los directores de coro y los docentes deben saber qué estrategias y repertorio es más apropiado para realmente favorecer el crecimiento musical y vocal de los participantes.

4.4.2. Desarrollo de la voz y características fónicas en la segunda infancia

Los docentes han de tener en cuenta los aspectos relacionados con la evolución de las voces con la edad de los niños y sus correspondientes características fónicas, los registros vocales, los rangos y tesituras específicos a la hora de planificar las clases tanto individuales como colectivas. Las voces de los niños producen un sonido característico que debe ser respetado y no deben ser tratados como «pequeños adultos» por lo que no deben imitar voces adultas para no forzar su sistema fonatorio. Las habilidades musicales y expresivas aprendidas durante este periodo se mantendrán a lo largo de la pubertad y la vida adulta.

Los investigadores sobre el desarrollo musical (Gordon, Hargreaves) han determinado que cuando un niño es capaz de interpretar una canción completa de su cultura, manteniendo el pulso, la afinación y la letra (estabilidad tonal, *pre-audiation*), es decir, sobre los 5-6 años, está en condiciones de comenzar la educación musical formal. Este momento coincide con el periodo en el que la laringe de los niños ralentiza su crecimiento y comienza el periodo de estabilidad vocal en la que se desarrolla la voz cantada y por tanto es posible enseñar a cantar de manera formal de una manera sana y artística.

La voz se desarrolla porque se estabiliza el descenso de la laringe en el cuello entre la cuarta y la quinta vértebra determinado la frecuencia fundamental del habla. La laringe crece pero todavía es cartilaginosa, las cuerdas vocales crecen en longitud y van desarrollando las diferentes capas y el músculo vocal. Sin embargo, el ligamento vocal no estará plenamente funcional hasta los 10-13 años, hecho que permitirá un mayor control de la voz y la expansión de la tesitura. El cartílago tiroides se alarga y adopta su forma característica.

El sistema respiratorio crece, se fortalece y se torna más elástico, las costillas se encuentran ya verticales y por tanto se puede ejercitar la respiración costo-diafragmática. Como consecuencia aumenta la extensión vocal, la tesitura y el control respiratorio.

Frecuencia fundamental de la voz hablada

A los siete años la frecuencia fundamental, es de 295 Hz (Re3) para las niñas y 268 Hz (Do3) para los niños, estableciéndose así ya una diferencia entre la voz de la niña y la del niño. Ha de tenerse en cuenta como referencia para comenzar los ejercicios vocales.

Extensión vocal

Se entiende como rango o extensión vocal o frecuencias disponibles todas aquellas notas que pueden emitir una voz, desde la más grave a la más aguda. En esta etapa los niños deben seguir explorando (con ejercicios de afinación indeterminada y determinada) toda la tesitura para ejercitar la musculatura adecuadamente para favorecer el desarrollo de la voz cantada y la ampliación de la tesitura.

Los ejercicios de exploración de afinación indeterminada ayudan a descubrir nuevos sonidos (frecuencias agudas y graves), timbres, etc. Los ejercicios de afinación determinada (vocalización) en toda la extensión de la voz, ayudan a conocer su instrumento y las sensaciones que produce cantar tanto notas graves, como medias y agudas; a coordinar su gesto vocal y su voz mixta (registro modal) para adquirir su esquema corporal vocal; a fortalecer la musculatura de su laringe de una manera equilibrada y a sentir una seguridad vocal necesaria para cantar. También les ayudarán a mejorar la afinación y su *audiation* u oído interno.

Hacia los ocho años la extensión vocal puede llegar a las dos octavas (La2-La4) y con entrenamiento y formación hasta las dos octavas y media (La2-Do5). La mejora en la emisión en mayor número de notas de dicha extensión queda acreditada como consecuencia del desarrollo natural conforme aumenta la edad y el control óptimo, la eficiencia y la calidad a través del entrenamiento.

Se debe explicar a los niños que el hecho de que puedan hacer los ejercicios de exploración en toda su voz no implica que puedan cantar cómodamente en toda la extensión y que es necesario el entrenamiento para expandir la tesitura de la voz cantada.

Los docentes deben evitar que los niños canten canciones en los extremos de la voz tanto agudos como graves aunque puedan vocalizar a lo largo de dos octavas. El peligro de hecho, en la actualidad, se encuentra en que los niños canten en tesituras demasiado graves como consecuencia de querer imitar voces adultas tanto masculinas como femeninas.

Tesitura vocal

Se entiende como tesitura o frecuencias accesibles aquellas notas que se pueden emplear de una manera sana y cómoda a la hora de cantar. La valoración sistemática de la extensión (tonos disponibles) y tesituras (tonos accesibles) vocales es una cuestión fundamental para los docentes porque las implicaciones didácticas que se derivan de estos dos parámetros son fundamentales para el desarrollo vocal y la elección de actividades vocales y del repertorio.

Si los niños cantan siempre canciones de manera cómoda y produciendo un sonido saludable y equilibrado sentirán motivación para seguir haciéndolo porque recibirán una buena retroalimentación por parte de su entorno.

Los docentes se pueden encontrar también en esta etapa que los niños sean capaces de acceder a una gran cantidad de frecuencias pero luego no sean capaces de cantar en ellas, es la practica lo que hará que muchas frecuencias disponibles se conviertan en accesibles. Si el alumnado encuentra que los ejercicios técnicos le ayudan, progresivamente, a cantar obras más complejas, sentirá motivación para realizarlos.

La tesitura es un parámetro variable en esta etapa en función del grado de desarrollo de la voz cantada que se haya producido en la primera infancia. Para cantar adecuadamente y sin forzar los niños deben producir los sonidos en la posición de equilibrio de la laringe, de ahí las limitaciones en la tesitura en función del desarrollo de las cuerdas vocales y la laringe.

Lo que esto significa para los educadores musicales es que cuando observen un rango de frecuencias estrecho a la hora de cantar puede deberse a un desarrollo laríngeo limitado en los niños más pequeños (5-9 años) y/o a una falta de exploración y entrenamiento. En los niños más mayores (10-12 años) generalmente es debido a la falta de exploración y entrenamiento por lo que los docentes deben realizar numerosas actividades de exploración.

En los coros o clases en las que se enseña a cantar de manera colectiva es importante tener en cuenta que la tesitura del grupo es un conjunto más reducido de notas que las que puedan tener algunos alumnos de manera individual por lo tanto a la hora de seleccionar las canciones deberá tenerse en cuenta que las tesituras aún serán más reducidas.

Si los niños han trabajado bien en la primera infancia deben de ser capaces de cantar al principio de esta etapa entre el Do3 y el Si3. Esta tesitura se irá ampliando progresivamente en el límite inferior en el Si/Sib2 y hasta el Fa4 en el límite superior.

La evolución de las tesituras en niños con entrenamiento vocal intensivo	
5-6 años	Adquieren el placer de cantar y el uso de su voz cantada entre el Mi3 hasta Si3.
7-8 años	Cantan en registro modal o voz mixta y pueden producir en voz mixta entre el Sib2 a Fa4. Es necesario explicar cómo acceder a la voz de cabeza y cómo producir la voz mixta en las notas agudas.
9-10 años	Cantan con toda la tesitura (Sib2 hasta Sol4) en voz mixta. Los extremos pueden variar. El entrenamiento vocal debe permitir cantar las notas agudas sin esfuerzo ni tensión.
11-12 años	Aumenta el control del volumen. Mejora la dicción. En coros se debe cantar a varias voces para permitir todos canten de manera confortable. La tesitura puede expandirse desde Lab2 hasta Do5.

Registros

Se entiende como registro al fenómeno por el cual los sonidos se producen usando ajustes similares del mecanismo vocal y respiratorio. El músculo tiroaritenoideo es el músculo de la voz de pecho (heavy mechanism o mencanismo I) y no estará completamente formado hasta la pubertad pero su desarrollo juega un papel importante en los sonidos graves. La ejercitación del músculo cricotiroideo que es responsable de estirar las cuerdas vocales es el que permite el acceso a la voz de cabeza (light mechanism. mecanismo II). El ligamento vocal está unido a la musculatura que provocan los registros en el canto y los ajustes necesarios para producir la voz mixta o el registro modal gracias a la posibilidad de inclinar el cartílago tiroides sobre le cricoides. En esta manera de producir sonido, las cuerdas vocales vibran de manera periódica normal y sana, con toda la longitud de las bandas en contacto.

La carencia de un ligamento vocal funcional significa que los niños no tienen desarrollados los cambios de registros que asociamos al canto en las voces adultas pero empezarán a experimentar la necesidad de trabajar estos ajustes en esta etapa.

Entre los 6 y los 10 años los niños producirán la mayoría de las frecuencias cantadas y habladas de manera saludable mediante el alargamiento y engrosamiento de sus cuerdas vocales en la posición de reposo de la laringe, sin inclinación laríngea, por lo tanto su registro modal o voz mixta se corresponderá con su mecanismo I. Los niños perciben que pueden producir sonidos cantados gracias al ajuste de las cuerdas vocales (más o menos estiradas) y al control del aire en tres grupos de notas o rangos: grave (Si2-Mi3), medio (Fa-La), agudo (Sib-Reb).

El objetivo de la educación vocal es que los niños consigan cantar en su voz mixta o registro modal. En los primeros años el registro modal se corresponderá con el mecanismo I pero progresivamente y conforme se desarrolle la laringe podrán acceder en su voz cantada al mecanismo II y los docentes deberán proponer ejercicios que equilibren ambos registros para producir la voz mixta.

La percepción de los registros (cabeza-pecho) se vuelve más evidente conforme va madurando el ligamento vocal y se desarrollan los músculos laríngeos. Cuando el ligamento vocal empieza a trabajar, entonces los músculos y mecanismos responsables de la inclinación laríngea entran en acción para añadir más tesitura; la laringe se mueve: hacia arriba (al tragar) y hacia abajo (al aspirar) y se inclina hacia delante y hacia atrás y por tanto se puede trabajar este movimiento para equilibrar la voz y mezclar los registros. Esto sucede alrededor de los 10 años y los niños pueden notar progresivamente o de repente que deben hacer un mayor esfuerzo para para hacer notas agudas que antes producían con mayor facilidad.

Este fenómeno es fruto del desarrollo de la musculatura y se debe hablar de los registros y los ajustes necesarios para equilibrar de nuevo la voz mixta o registro modal a los niños. Ya pueden sentir y entender el cambio que se produce en la laringe cuando se inclina y se deben proponer los ejercicios adecuados para adaptar su gesto vocal.

Se ha comentado la necesidad de que los niños canten con la laringe en posición de equilibrio, sin embargo se puede observar el movimiento vertical de la laringe cuando el niño explora sonidos muy agudos (elevada) o muy graves (descendida). Este movimiento vertical (subiendo y bajando) de la laringe se ha identificado como una acción común en cantantes sin entrenamiento y el objetivo del docente debe ser estabilizarlo a la hora de cantar y evitar las notas que provocan el movimiento involuntario porque si esta pauta vocal se establece en la infancia es muy probable que pueda contribuir al desarrollo de problemas vocales futuros.

Para evitar esta posición de la laringe forzada y mantener la posición de equilibrio que permite un sonido adecuado, se debe mantener la tesitura reducida y comprobar que los niños producen un sonido sin estrés vocal a la hora de cantar. Cuando se observe que pueden cantar saludablemente en tesituras más amplias entonces se pueden ir añadiendo notas.

La mejor manera de determinar si un estudiante está preparado para cantar en tesituras más amplias es observar la ausencia de estrés vocal que se manifiesta en un sonido forzado y en que tienden a levantar y adelantar la barbilla o a empujar la barbilla hacia el pecho.

Los niños no tienen un vibrato vocal fisiológicamente natural

El hecho de que el ligamento vocal no esté desarrollado plenamente antes de la pubertad implica que los niños no pueden producir un vibrato saludable. Simplemente carecen de la fisiología para crearlo aunque produzcan una emisión equilibrada. Sin embargo, muchos niños pueden aprender a hacer un vibrato forzado. En ocasiones, los niños tratarán de imitar el vibrato de los adultos. La mejor manera de afrontar esta cuestión es decirle al niño que el vibrato es una parte natural de la voz adulta, pero no de la voz del niño, y no debe hacerlo.

El vibrato natural en una voz adulta es el indicador de una voz sana y equilibrada y esto tiene una consecuencia a la hora de que los adultos enseñen a cantar puesto que deberán ofrecer un ejemplo vocal carente de vibrato para que los niños desarrollen un modelo saludable que no dificulte su desarrollo.

Sin embargo para el adulto, cantar sin vibrato con un sonido de color claro y liso puede ser perjudicial para su salud vocal si se emplea durante mucho rato.

Por lo tanto, se recomienda que el adulto cante con su voz de cabeza si la puede producir con facilidad y sin tensión o que emplee por poco tiempo un sonido liso y sin vibrato para ayudar a los niños a cantar a tono.

Una vez que los niños hayan aprendido la melodía, deben cantar con su voz más natural. Aún mejor, si puede encontrar un niño que sea un gran modelo vocal, se le puede pedir que ayude al profesor a enseñar la canción para que pueda dar un respiro a su voz y para que los niños puedan trabajar con un modelo vocal infantil.

Características tímbricas

La voz sana del niño, fisiológicamente, no puede sonar como una voz de adulto y viceversa. Cuando un niño usa su voz de manera adecuada, acorde a su desarrollo y fisiología, no suena ni debe sonar como una voz adulta.

Una voz saludable de niño debe sonar enfocada pero no forzada y produce un timbre claro, con poco volumen y consistencia. Como el mecanismo para producir la voz cantada y la voz hablada es el mismo en niños pequeños, por eso es probable que ambas suenen tímbricamente mucho más parecidas que cuando los adultos cantan en su voz hablada.

Los docentes deben procurar que el timbre se mantenga a lo largo de toda la tesitura y que el niño sea capaz de cantar sin vibrato y sin estrés vocal.

No se deben incluir cambios de dinámica excesivos (sonidos demasiado fuertes o suaves) para evitar que el gesto vocal sea demasiado débil o que se grite.

La capacidad respiratoria es menor por lo que la habilidad para sostener sonidos largos o frases larga es limitada y necesitarán respirar en más ocasiones. Es importante trabajar con ejercicios y frases cortas y hacer pausas frecuentes para que no se fatiguen y tiendan a forzar la voz.

Hacia los 11 años el sistema respiratorio se vuelve más parecido al del adulto, así que en ese momento el niño será capaz de producir más dinámicas y fraseo.

El aparato resonador posee una capacidad de proyección y resonancia, de dar volumen, bastante limitada respecto a la voz adulta, debido a un menor tamaño del cráneo y a que los tejidos óseos aún no tienen la rigidez y dureza que tendrán en un futuro.

Se observa una falta de agilidad y control en el uso de los distintos órganos articuladores por producirse el desarrollo muscular y óseo en esta etapa: lengua, mandíbula, labios y velo del paladar deberán ser ejercitados para mejorar la articulación de la voz cantada en estos momentos.

4.4.3. Desarrollo de las aptitudes musicales en la segunda infancia

Si los niños han adquirido la pre-audiation en la primera infancia estarán en condiciones de establecer la audiation en esta etapa. En su teoría, Gordon describió seis niveles de audiation, que se han de asumir de manera secuencial y cada uno necesario para el siguiente. Utiliza el término *stages* o etapas, porque el proceso inicial de desarrollo sigue este orden, aunque nunca dejamos atrás ninguna etapa sino que, al pensar musicalmente, continuamente recurrimos a diferentes niveles de pensamiento según el tipo de música que se escuche. En función de la formación musical y de la familiaridad de la música que se escucha, el pensamiento musical funcionará a distintos niveles, combinándolos y volviendo sobre ellos en nuestro proceso mental para dar sentido a lo que se escucha.

Para comprender completamente aquello que la música ofrece, la persona ha de ser capaz de funcionar en el sexto nivel, y este debería ser el objetivo principal de la educación musical según la Teoría del aprendizaje musical de Gordon.

Etapas en el desarrollo del proceso del pensamiento musical o audiation	
1ª Etapa. Retención momentánea	Requisito previo a la comprensión. Se debe retener en la memoria (a corto plazo) durante unos instantes un patrón rítmico o melódico breve para poder imaginar los sonidos que acaban de escuchar.
2ª Etapa. Imitar y escuchar interiormente patrones tonales y rítmicos y reconocer un centro tonal y el pulso principal.	Se imita mentalmente (recuerda) lo que se escucha y luego, mediante la audiation se organiza según lo que se conoce como tonos y duraciones esenciales. Se distingue entre lo familiar y no familiar y se establece un sonido como centro tonal y unas duraciones como pulso principal.
3ª Etapa. Establecer el modo y/o la métrica	Sea objetivamente (cuando no hay lugar a dudas entre distintos oyentes) o de manera subjetiva (cuando los oyentes no sienten de igual manera el pulso o el modo principal). Aunque el proceso es tan rápido que estas tres etapas iniciales parecen ocurrir a la vez, en realidad las dos primeras son necesarias para poder llevar a cabo la tercera.
4ª Etapa. Retener, mediante la audiation, patrones tonales y rítmicos que ya hemos «organizado» mentalmente	Mientras se escucha y se modifican sobre la marcha las decisiones sobre modo y métrica, se reconocen e identifican secuencias, repeticiones, forma, estilo, timbre, dinámica y otros factores que dan sentido a la música. A todos los niveles, nuestras capacidades tonales y rítmicas determinan en qué medida comprendemos y continuamos aprendiendo el proceso de audiation.

5ª Etapa. Recordar patrones tonales y rítmicos escuchados en otras piezas musicales y organizados mediante la audiation.	Cuanta más música se escucha y cuanto más «vocabulario» se tiene de patrones tonales y rítmicos, mejor se puede aprovechar esta etapa, donde se sigue clarificando la organización mental de la música que se escucha, mediante la comparación con músicas escuchadas anteriormente.
6ª Etapa. Anticipar y predecir patrones tonales y rítmicos.	Cuando la música es familiar se pueden anticipar los patrones futuros. Cuando no es familiar, se intenta predecir cuáles serán. Cuanto más se acierta en anticipar o predecir patrones, en base a la experiencia y «vocabulario», mejor se entiende la música que se escucha. Cuanto menos se acierta, más difícil es la comprensión de lo que se oye; si no se acierta en absoluto la persona se sitúa de nuevo en la primera etapa: retención momentánea.

En base a estas etapas los docentes deben ser capaces de incrementar las aptitudes musicales mediante: escucha, patrones rítmicos y melódicos que pueden ser empleados como ejercicios de entrenamiento vocal simultáneamente y canciones.

Como referencia promedio, los niños son capaces en función de su edad de:

- Sobre los **seis o siete** años, sincronizan duraciones y realizan ritmos con precisión. Puede existir una cierta tendencia a acelerar los tempos pero sobre esta edad el sentido de la pulsación se estabiliza pudiendo coordinar sonidos simultáneos, es decir, cantar o tocar con otras personas o seguir una base musical. Reconocen compases binarios, ternarios y cuaternarios. Manejan los valores y ritmos de otros compases con subdivisión ternaria.

  Perciben las cadencias y el carácter inacabado de una frase musical, o lo que es lo mismo, son capaces de percibir el sentido armónico y reconocer un esquema armónico simple. La percepción polifónica es percibida mejor en los sonidos agudos que en los graves, son capaces de reconocer una melodía pero no tanto el acompañamiento.

Aparece una actitud de imaginación musical, gustándole interpretar composiciones y canciones y variándolas por pura diversión. Empiezan a tener curiosidad por descifrar el código musical y son capaces de reconocer las figuras musicales (blanca, negra y corchea) junto con sus silencios correspondientes. Les agradan los instrumentos de percusión y también intentan acercarse a instrumentos técnicamente más complicados (xilófonos, metalófonos, carillones, etc.)

- Sobre los ocho años son capaces de apreciar duraciones de manera más concreta. Aprecian los cambios de modo y tonalidad siempre que estos estén en una estructura musical determinada percibiendo estos cambios a través del contraste. Perciben la cadencia perfecta como conclusiva. Disfrutan haciendo pequeñas creaciones musicales. También son capaces de cantar o tocar a dúo.

- Entre los nueve y el comienzo de la pubertad (sobre los 13-14 años) la voz adquiere una madurez que le permite abordar repertorios musicalmente más complicados. Tienen una mayor facilidad para aprender conceptos complejos. Los avances que el niño adquiere en esta etapa son más evidentes y acelerados de manera que puede aumentar la dificultad de lo aprendido. El grado de maduración puede hacerle aprender algo con mayor rapidez que en los niveles anteriores.

  Reconoce las escalas mayores y menores y las medidas y estructuras métricas irregulares (ritmos sincopados, compases irregulares, etc.). Distingue los valores de las figuras: negra, corchea, corchea con puntillo y semicorchea, blanca y redonda, junto con sus silencios. Reconoce y practica formas musicales elementales.

  Puede tocar un instrumento con mayor destreza técnica (flauta, guitarra), etc., sintiendo interés por hacerlo «suyo». Comienza a tomar interés por «sus músicos, autores, intérpretes, etc.».

4.4.4. Niños a los que les cuesta cantar y protocolos de evaluación de la voz cantada

Muchos niños comienzan la educación primaria pudiendo cantar canciones sencillas y familiares, participar de juegos musicales y crear sus propias canciones o melodías para acompañar sus experiencias y juegos.

Otros niños no son capaces y los docentes pueden indentificarlos
por un escaso desarrollo de la voz cantada que se manifiesta en el hecho
de que cantan en un rango muy limitado, en una intensidad pequeña
(muy flojito) y además tienen problemas para igualar el tono.

Estos niños no son capaces de cantar debido a una falta de estímulos
musicales y vocales y de buenos ejemplos vocales, por esta razón necesitarán la ayuda del maestro para descubrir su voz cantada. Los docentes y las familias no deben dar por supuesta una falta de habilidad sino
que deben saber que es simplemente una falta de experiencia musical y
vocal. Estos niños no han realizado una correcta *pre-audiation,* sin embargo, hasta los 7-9 años hay margen para adquirir tanto la voz cantada
como las aptitudes musicales básicas. Los docentes desempeñan en este
momento un papel crucial porque deberán ayudar y orientar a los niños
para que descubran su voz cantada y para que escuchen música variada.

Al igual que otras áreas en el desarrollo de la primera infancia (cómo
puede ser el desarrollo de la psicomotricidad fina y gruesa, la adquisición del lenguaje, etc.), el desarrollo vocal y musical toma tiempo y requiere una secuencia de experiencias significativas, que incluyen entre
otras, escuchar música y responder a través del canto y el movimiento.

4.4.4.1. Estrategias para descubrir su voz cantada y cantar a tono:

El maestro debe plantearse una serie de cuestiones para favorecer el
desarrollo de las aptitudes vocales y musicales en cuanto a la manera de
presentar las actividades y es bueno que se haga las siguientes pregun-
tas:

- ¿Se les están ofreciendo los ejemplos de la voz cantada en la tesitura apropiada? Hay que recordar que en estas edades los niños
  acceden a su voz cantada en notas más agudas. Hay que asegurarse que el modelo no sea demasiado grave para que los niños puedan cantar cómodamente y sin tensión.
- ¿Cómo produce su voz hablada? Si un niño hace una sirena se
  puede comprobar el rango de la voz hablada. Si ésta abarca desde
  el Do3 al La3 le será fácil acceder a su voz cantada. Si la sirena es
  más reducida o más grave el docente debe observar los modelos

del habla de los padres y hermanos. Si el niño está imitando un mal modelo esto puede dificultar el desarrollo de la voz cantada. Se le deberán proponer ejercicios de experimentación vocal y se puede informar a la familia que tome medidas sobre la salud vocal de sus miembros y la necesidad de practicar esa exploración vocal.

- ¿El modelo vocal es claro, ligero y parecido a una campana? El modelo debe presentarse *a capella*, sin la distracción del teclado o cualquier tipo de acompañamiento, y sin vibrato. Con una articulación clara.

Actividades:

❑ Dedicar tiempo a repasar cómo se puede usar la voz: hablar, cantar, susurrar, gritar, etc. Proponer ejercicios de imitación de una frase entre el maestro y el grupo.

❑ Alentar la exploración vocal con afinación indeterminada. Deben sentirse libres de experimentar diferentes sonidos de manera lúdica y divertida

▶ Emplear juegos de imitación de sonidos de animales, chasquidos de lengua, sirenas, trinos de lengua y labios, etc.

▶ Con sirenas, dibujar con el brazo si el sonido sube o baja a modo de dibujar el perfil de las montañas.

❑ El docente debe escuchar cuidadosamente a los niños, por eso es interesante hacerles cantar en grupo y después ir escuchando en pequeños grupos, por ejemplo: chicos/chicas, rubios/morenos/ pelirrojos, con pantalones/falda, con coleta/sin coleta o cualquier atributo que permita agruparlos en grupos más pequeños. Se debe ir reduciendo el grupo hasta hacerlos cantar solos.

❑ Dar la oportunidad de cantar solos y acompañados. Los juegos de presentación en los que el niño se presenta empleando una tercera descendente y diciendo: «Yo me llamo (Pedro)», en el que los demás contestan: «Él/ella se llama (Pedro)», permiten este tipo de exploración. También se puede emplear con frases como «Me gusta la fresa» a lo que le contesta el grupo: «Le gusta la fresa» y sustituyendo fresa por cualquier alimento, deporte o actividad. Esta actividad permite valorar las voces individuales y detectar dificultades individuales dentro de un grupo.

❏ Usar canciones de llamada en las que el maestro canta una frase y el grupo la repite para mejorar las habilidades de escucha e independencia musical.

❏ Transportar pequeños contornos melódicos respetando la tesitura ascendente y descendentemente. Esto ayudará a los niños a darse cuenta si pueden repetir la melodía cambiando el tono y les ayudará a explorar las partes (agudas y graves) de su voz. Este ejercicio se puede hacer con sílabas neutras (/ma/, /la/, /ta/) y posteriormente con el nombre de las notas.

❏ Hacer grupos en los que los niños con mayores dificultades estén con niños con mayor facilidad. Les será más fácil imitar la voz de otro niño que la del adulto. Y hay que animar a que escuchen a los demás mientras cantan.

4.4.4.2. Protocolos para valorar la adquisición la voz cantada: afinación y registros.

Los docentes disponen de varios protocolos para valorar el nivel de adquisición de la voz cantada. Son herramientas de gran ayuda, validadas científicamente, para planificar las clases y actividades de manera que puedan acompasar el desarrollo vocal y musical de los alumnos en cada momento.

Nunca se debe excluir de las actividades a aquellos niños que no hayan establecido su voz cantada y no se deben incrementar las dificultades musicales sin antes proporcionar los recursos vocales necesarios para abordarlas de manera saludable.

El primer protocolo es la Medida del desarrollo del la voz cantada-**Singing Voice Development Measure (SVDM) Rutkowsky (1990)**.

En función de la competencia vocal, la investigadora y pedagoga Joanne Rutkowsky describe cinco niveles de calidad vocal en la medida que se va desarrollando de la voz cantada. Es posible establecer la voz cantada en la educación primaria.

Esta clasificación no tiene en cuenta tanto el hecho de cantar de manera afinada sino la capacidad de acceder a las diferentes partes de la voz (grave, media, aguda) de manera que se observará que hay niños que pueden acceder a las diferentes partes de la voz pero no son capaces de fijar la afinación aún y otros sí que podrán hacerlo. Como es lógico, la capacidad de cantar afinado tiene que ver con la capacidad de acceder al rango de la voz cantada adecuadamente, de manera que los ejercicios de afinación deben proponerse siempre en las frecuencias accesibles de los niños en cada momento.

Si sólo se valora la capacidad de afinar pero se hace cantar a los niños en notas que no están disponibles se estará cometiendo un grave error. La capacidad para afinar ha de valorarse siempre en la parte de la voz cantada que el niño puede controlar. Esto es algo que puede suceder en clases de lenguaje musical en las que los docentes proponen ejercicios en tesituras inadecuadas o los alumnos no tienen esas notas disponibles para cantar aún.

La escala se ha ido perfeccionando, de manera que aquí se muestra la tercera versión de la misma. Es importante resaltar que la escala es válida para los niños hasta los 12 años, es decir, no se debe emplear en la adolescencia.

El nivel de adquisición de la voz cantada se determina tras hacer cantar a los niños 8 patrones tonales con una sílaba neutra y con letra.

Escala que determinan varios niveles de desarrollo de la voz cantada.	
Nivel 1 «Pre-singer»	No canta pero recita el texto de la canción.
Nivel 1.5 «Inconsistent Speaking Range Singer»	A veces recita y a veces sostiene algunas notas y muestra alguna sensibilidad a la afinación pero permanece en el rango de frecuencias del habla (entre La2 y Do3).
Nivel 2 «Speaking Range Singer»	Sostiene algunas notas y muestra sensibilidad a la afinación pero permanece en el rango de frecuencias del habla (entre La2 y Do3).
Nivel 2.5 «Inconsistent Limited Range Singer»	Oscila entre la voz hablada y cantada y emplea un número limitado de frecuencias de la voz cantada (normalmente hasta el Fa3).
Nivel 3 «Limited Range Singer»	Muestra un uso consistente de un número limitado de frecuencias de la voz cantada (normalmente entre el Re3 hasta el Fa3).
Nivel 3.5 «Inconsistent Initial Range Singer»	Algunas veces muestra un uso limitado de las frecuencias de la voz cantada pero otras veces muestra el uso del rango inicial de la voz cantada (normalmente entre Re3 hasta La3).
Nivel 4 «Initial Range Singer»	Muestra un uso consistente del rango inicial de la voz cantada (normalmente entre Re3 hasta La3).
Nivel 4.5 «Inconsistent Singer»	A veces sólo muestra el rango inicial de la voz cantada (Re3-La3) pero otras veces muestra el uso de rango extendido de la voz cantada (canta en el cambio de registro entre Sib3 y notas superiores).
Nivel 5 «Singer»	Muestra el uso del rango extendido de la voz cantada (canta en el cambio de registro entre Sib3 y notas superiores).

De esta escala se puede deducir que las prioridades de los docentes deben ir encaminadas en un primer momento en la exploración sonora con la voz que permita el ir construyendo un buen gesto vocal y en la adquisición paralela de la *audiation*.

Un buen gesto vocal permitirá sostener progresivamente más notas al cantar. La capacidad para afinar, por tanto, ha de valorarse en el rango en el que los niños empiezan a poder sostener la tesitura o notas accesibles.

El segundo es el **Protocolo de la precisión de cantar de Seatle - Seatle Singing Accuracy Protocol (SSAP) (2013)**.

En este test se tiene en cuenta la influencia del entrenamiento vocal, la maduración y la dificultad de la tarea para valorar la capacidad de afinar de los niños.

Se basa en tareas concretas que son cortas, fáciles de administrar y posibles de grabar.

Para realizar el protocolo hay que tener en cuenta:

❏ El rango confortable en el que el niño es capaz de cantar. De esta manera se asegura que el niño canta con sus notas accesibles. Este rango accesible se determina:

▶ Estableciendo la frecuencia fundamental del habla contando de 10 a 1 rápido. Esta frecuencia predice las frecuencias en las que el niño estará cómodo al cantar. Si está alrededor del Mi3 le será más fácil establecer su voz cantada.

▶ Se le dice al niño que cante una canción que se sepa sin dar el tono de inicio de la canción. Se compara la frecuencia de ese inicio de la canción con la frecuencia fundamental del habla.

▶ Se le pide que cante una nota sobre la vocal /o/ durante varios segundos.

❏ Tareas de imitación del canto. Se realizan alrededor de la frecuencia fundamental del habla del niño y en una amplitud de una quinta (para asegurarnos que se mantiene en el registro que le es cómodo).

▶ Los niños imitan una nota de un ejemplo de voz cantada.

▶ Los niños imitan una nota dada por un piano.

▶ Los niños imitan un patrón de cuatro notas cantado por una

voz en el ámbito de una quinta basados en la frecuencia fundamental del habla del niño. El patrón se toma desde esta frecuencia una tercera ascendente y una tercera descendente.

❑ Se cantan dos canciones para valorar la tarea de cantar una canción. En esta tarea se valora la habilidad de cantar afinado desde
su memoria a largo plazo bajo dos condiciones (con texto y con
una sílaba neutra). No se debe dar el tono ni el tempo. Las canciones por orden de dificultad son: «Navidad navidad» («Jingle
bells»), «Frère Jacques», «Twinkle twinkle» («Estrellita dónde estas») y «Cumpleaños feliz» («Happy birthday»).

▶ Cantar la canción *a capella* con la letra.

▶ Cantar la canción *a capella* con la sílaba neutra.

▶ Discriminación adaptativa de la afinación variando la melodía
una tercera ascendente y una segunda descendente. Teniendo
en cuenta la frecuencia central de 500Hz.

▶ Cuestionario de experiencia musical. En el que se recaban da-
tos sobre: edad (en años y meses), si es diestro/zurdo, chico/
chica, lengua materna y si se han tenido problemas de audición, si se han tenido problemas neurológicos y diferentes pre-
guntas sobre su experiencia musical.

De este protocolo se extrae que hay que realizar actividades diferentes para conseguir que los niños afinen, desde explorar su voz y descubrir su extensión y tesitura, hasta imitar sonidos y patrones musicales y
aprender canciones de dificultad variable con y sin texto. Además el
docente podrá hacerse una idea de las preferencias y experiencias musicales a la hora de planificar la clase.

5

LA ADOLESCENCIA

5.1. Consideraciones históricas sobre el canto en la adolescencia

Las cuestiones relativas a la muda vocal han preocupado a pedagogos e investigadores por las implicaciones didácticas que tiene y las controversias que ha generado a lo largo de la historia de la pedagogía del canto.

Si bien la ciencia vocal ha establecido que el periodo comprendido entre los 6 años hasta el inicio de la muda vocal se caracteriza por la estabilidad vocal, la pubertad lo hace por la inestabilidad debida a los cambios morfológicos que se producen en todo el cuerpo, hecho que ha llevado a numerosos pedagogos vocales a pronunciarse a favor o en contra de continuar las actividades canoras durante este periodo.

Si se reflexiona sobre las razones por las que en las enseñanzas oficiales elementales en España no exista la especialidad de canto y la falta de tradición a la hora de abordar el trabajo individual del canto en niños y adolescentes, encontramos que tradicionalmente los profesores de canto han desaconsejado el trabajo vocal individual hasta que la muda vocal no se haya completado.

El origen de este posicionamiento se encuentra en el intenso debate surgido a finales del siglo XIX que derivó en el establecimiento de dos tendencias en lo que se refiere a la enseñanza del canto en niños y adolescentes.

Manuel Vicente García, cantante, profesor de canto e investigador, hijo del famoso tenor español Manuel García y hermano de dos grandes cantantes de su tiempo, María Malibrán y Pauline Viardot, desarrolló un prolífico trabajo respecto a la descripción fisiológica de la voz y la pedagogía del canto. Manuel Vicente García inventó el laringoscopio indirecto y fue el primero en ver las cuerdas vocales en una persona viva, tuvo un importante reconocimiento en el mundo académico y científico y una gran influencia en la pedagogía del canto del momento.

Uno de sus postulados pedagógicos incluía la idea de esperar a que las voces hubieran mudado y adquirido sus características adultas para iniciar al alumno en el canto y formuló la teoría de «ruptura de la voz».

Por otro lado, sir Morell McKenzie, contemporáneo de García y padre de la laringoscopia americana, debatió con él esta cuestión. Sir Morell MacKenzie demostró que la teoría promulgada por García era falsa y carecía de fundamento científico y defendió la idea de que no había motivo para abandonar las actividades relacionadas con el canto durante la muda de la voz. McKenzie consideraba el cambio de la voz como un proceso normal de desarrollo, de tal modo que la voz podía y debía ser ejercitada durante este periodo de transformación.

Este debate sobre si se debía enseñar a cantar o no a los niños y adolescentes, entre Manuel García hijo y el doctor Morel Mackenzie, se saldó con la imposición de las teorías de García en el desarrollo de los currículos de los estudios de canto en los conservatorios europeos y ha tenido la consecuencia histórica, aún hoy vigente, de impedir a los niños y adolescentes recibir formación vocal formal reglada e individualizada hasta que sus voces hayan adquirido sus características adultas.

La cuestión sobre la educación vocal en la adolescencia se volvió a plantear en 1950, cuando Desso A. Weiss desarrolló una línea de investigación foniátrica sobre la voz cantada en la adolescencia. Éste fue el primer estudio científico en el siglo XX y los resultados pusieron de nuevo de relieve los postulados de sir Morell McKenzie a favor de la continuidad de la educación vocal en esta etapa.

Durante el siglo XX se ha estudiado científicamente y en profundidad la muda de la voz en EE.UU. Actualmente están internacionalmente aceptadas las teorías de la muda vocal. Cooksey formuló la «Teoría ecléctica contemporánea de la muda de la voz masculina en la adolescencia» y la Dra. Lynn Gackle la teoría sobre la muda femenina. Ambos investigadores son herederos de las teorías propuestas en los años cincuenta del pasado siglo de «La voz cambiata» (I. Cooper y D. Collins) y la teoría «Alto-tenor» de Duncan MacKenzie.

La cuestión fundamental que los docentes han de tener en cuenta es que, según afirma Elorriaga (2011): «Sólo podemos hablar de un desarrollo laríngeo masculino y de un desarrollo laríngeo femenino. La inestabilidad vocal que se refleja en la aparición de los famosos 'gallos' se debe a un desajuste muscular momentáneo del acoplamiento laríngeo que son absolutamente normales en esta fase de desarrollo y no significa que haya nada 'roto' en las cuerdas vocales».

Este hecho tiene una consecuencia pedagógica de suma relevancia ya que si no hay ningún tipo de daño en las cuerdas vocales tampoco hay ninguna razón para dejar de cantar durante la pubertad. Además y tal y como se ha descrito en las páginas anteriores, debido al proceso de modelado del cerebro, aquellas actividades que no se mantienen en la adolescencia corren el riesgo de abandonarse definitivamente.

Los cantantes que reciben una formación vocal temprana gestionan mejor el cambio de voz, más gradualmente e incluso con la educación vocal apropiada y el cuidado -que comienza mucho antes de la muda- pueden mantener una gran estabilidad vocal a lo largo de todo el proceso.

Cantar en esta etapa no solamente no entraña ningún riesgo, sino que, por el contrario, es muy recomendable hacerlo. Los adolescentes que siguen cantando durante el cambio de la voz experimentan un desarrollo vocal mucho más rico y profundo que los que dejan de cantar. Por lo tanto, seguir cantando durante la muda de la voz es tan saludable como seguir haciendo deporte mientras se crece. No ofrece ningún riesgo para el desarrollo laríngeo y la educación vocal y musical, sino que muy al contrario, favorece a todos ellos.

Los educadores vocales deben saber que la ciencia ha demostrado que es posible el aprendizaje vocal en esta etapa, que aquellos niños que han desarrollado su voz en la infancia no deben dejar de cantar y que es posible planificar el proceso de enseñanza-aprendizaje para adaptarlo a los condicionantes físicos, emocionales, mentales y sociales para que se produzca de manera satisfactoria y saludable.

Eso sí, las voces adolescentes, al igual que las infantiles, no deben ser tratadas como las adultas, ni en cuanto a clasificación ni en cuanto al repertorio que pueden realizar en cada momento. Los jóvenes deben adaptar el repertorio a las características de su voz mientras se producen los cambios hasta alcanzar las características adultas.

5.2. Desarrollo de la voz en la adolescencia

Los cambios anatómicos requieren la adaptación de la motricidad a lo largo de toda la etapa que se caracteriza por la acción de la estimulación hormonal. El cuerpo comienza a elaborar los esteroides sexuales que condicionan las características morfológicas secundarias de cada sexo y sus capacidades funcionales definitivas.

Se produce un acelerado crecimiento corporal que lleva aparejado un desarrollo físico, mental y emocional de la persona en el que la voz es un componente fundamental en la construcción de la personalidad del adolescente.

La mutación vocal o muda vocal se produce en los chicos entre los 13-14 años y en las chicas entre los 14-15 años en los climas cálidos y tiene asociada una inestabilidad vocal que varía en función del esquema corporal vocal desarrollado en la infancia.

En este periodo se establecen las características de diferenciación sexual secundaria y son más notables en los niños que en las niñas. El cambio vocal más obvio es el descenso de la tesitura vocal, más pronunciado en los niños debido a un crecimiento rápido y desproporcionado de la laringe por la acción de la testosterona. Existe una disminución de la intensidad de la voz y, a veces, se instalan disfonías francas y/o fonoastenias. Estos cambios se llaman puberfonías y ocurren normalmente entre los 11 y los 16 años.

Entre los 12-15 y los 18-20 años la laringe se ubica al nivel de la vértebra cervical C7. Durante la muda de los chicos el crecimiento de la laringe es más pronunciado y se genera en longitud posterior-anterior de manera que se hace evidente en el cuello la nuez de Adán. El crecimiento acelerado comienza en el cartílago tiroides y después en la longitud de la parte membrana vocal, definida como la distancia entre el extremo de la cuerda vocal y la comisura de la glotis. Esta es la porción de la cuerda que vibra y en entre los 10 y los 16 años aumenta desde los 9mm hasta los 13mm en niños y entre los 8mm y los 11,5mm en mujeres (Titze, 1993).

Al cumplirse el descenso laríngeo se hace notable la disminución de las frecuencias de los sonidos producidos, la pérdida de los amónicos, la pérdida de resonancias de cabeza y faciales y pasan a predominar los amónicos y la resonancia pectoral.

5.2.1. La muda vocal en niños

Cooksey formuló la «Teoría ecléctica contemporánea de la muda de la voz masculina en la adolescencia» en 1977 y fue revisada en el año 2000. Es la más actualizada, la más globalmente aceptada y comprobada pedagógicamente.

La premisa fundamental es que el desarrollo laríngeo masculino se produce través de un patrón predecible, gradual y secuencial en seis fases o etapas. Estas seis fases son predecibles, universales, consecutivas y transcurren a diferentes velocidades según los individuos, produciéndose en una franja de tiempo flexible entre los seis meses y los dos años. Todos los adolescentes atraviesan las fases descritas por Cooksey, con un descenso gradual (a la vez que asimétrico) de la voz. Los sonidos graves descienden de un modo más rápido a que lo hacen los agudos.

El cambio en la voz hablada se produce más rápidamente que en la voz cantada y el descenso de la frecuencia fundamental del habla es un indicativo del paso de una fase a otra.

Para la mayoría de los chicos, la muda de la voz comienza hacia los 12-13 años, alcanza su fase más activa sobre los 13-14 y finalizará definitivamente entre los 15 y 18, ya que la voz continua expandiéndose durante estos últimos años, pero a una velocidad mucho más lenta.

Los criterios para definir las seis fases mencionadas son: el rango de la voz cantada, el rango de la voz hablada, la frecuencia fundamental del habla, la calidad de la voz y el desarrollo de los registros.

A lo largo de la muda el rango de la voz cantada varía descendiendo una octava en el límite inferior y descendiendo una sexta en su límite superior. El rango de la voz cantada desciende en cuanto a las frecuencias y se reduce al principio del proceso y al final se amplía de nuevo. La voz en esta etapa carece de claridad, presenta ronquera y un control de la respiración dificultosa presentando grandes variaciones en cuanto al timbre e intensidad. En esta etapa se desarrollan los registros adultos de manera que las notas de paso o cambio de registro cambian durante el proceso. Hacia mitad de la muda aparece el falsete.

Los docentes deben evaluar periódicamente la voz del adolescente e identificar la fase en la que se encuentra para elaborar estrategias didácticas adecuadas.

Es muy útil la aplicación: iTunes Speech Test App creada por David M. Howard (www.davidmhoward.com) para valorar la etapa de la muda vocal en la que se encuentra la voz. Los alumnos pueden hacer una autoevaluación de manera que pueden estimar aquello que va a suceder en sus voces y a los docentes y a los directores de coro les puede ser muy útil también para organizar las voces en el canto polifónico.

Cuando a los chicos se les explica aquello que va a suceder en sus voces y aprenden a identificar los cambios, el estrés vocal que pudiera existir disminuye considerablemente.

Las fases y los parámetros que van cambiando de una a otra se describen a continuación.

▶ Fase 1: Precambio. Voz infantil

Es la etapa en la que la voz conserva sus características infantiles. Esta etapa prepuberal sucede sobre los 10-11 años y la voz hablada conserva su cualidad ligera y blanca. La frecuencia fundamental del habla se encuentra alrededor del Do3 aunque también se puede observar entre el La2 y el Do3.

Aquellos niños que han cantado en la segunda infancia y tienen un buen control de su voz cantan con una voz rica con una cualidad ligera, como de soprano que alcanza el clímax de belleza, potencia e intensidad. La expansión de la tesitura de la infancia está en su máximo. Si hay roturas en el registro es causa de un mal ajuste vocal. La voz es ágil y flexible y puede controlar las dinámicas.

El primer signo de la muda es la inestabilidad de los sonidos agudos y la tendencia a forzar su emisión a la vez de que el timbre se vuelve aireado en toda la voz.

La expansión de la tesitura de la infancia está en su máximo. El rango/extensión de la voz cantada se encuentra entre Sol2-Fa4 y el rango de la voz hablada entre el La2-La3.

▶ Fase 2: Midvoice I. Periodo inicial de cambio

Se inicia la pubertad entre los 12 y los 13 años. Esta fase dura entre uno y cinco meses pero puede extenderse hasta el año. En esta fase se observa el acortamiento de la zona aguda y empieza a descender la frecuencia fundamental del habla.

El cartílago tiroides crece y cambia su configuración, las cuerdas vocales crecen en longitud. Empieza el desarrollo sexual secundario y aparecen los primeros vellos. Este hecho se refleja en la voz hablada en la que empieza a descender la frecuencia fundamental situándose entre La2/Si3. La voz aún tiene una cualidad ligera y no se observan cambios perceptuales significativos con respecto a la fase anterior. A veces aparece un sonido más aireado a partir del Do4.

Sin embargo, en la voz cantada, aunque aún suena ligera aumenta la presencia de aire y se pierde claridad en las notas agudas sobre todo entre entre el Do4 y el Sol4. La tesitura de la voz cantada desciende 4 semitonos en la parte aguda y la voz pierde riqueza de armónicos. Aparecen rasgos de tensión vocal en las notas más agudas. Los niños perciben que aquellas notas agudas que hacían con facilidad les cuestan (aumenta la constricción). Se produce un cambio en la percepción de la voz, los chicos perciben la voz menos resonante. Las notas graves permanecen estables. La voz no es tan ágil debido al crecimiento de las cuerdas vocales.

En este momento es necesario explicar que se ha iniciado el cambio y que las notas agudas van a desaparecer por el momento pero que hacia el final del proceso su tesitura se volverá a expandir. No se debe forzar la emisión de las notas agudas sino que se debe permitir el descenso de la tesitura para que la muda se desarrolle de manera saludable. Es muy útil realizar ejercicios de SOVT para establecer los nuevos ajustes vocales de manera saludable. Los docentes deben vigilar también que no se produzca un exceso de constricción de las cuerdas vocales. El rango de la voz cantada se sitúa entre Sol2-Re4 y el rango de la voz hablada entre La2-La3.

Fase 3: Midvoice II. Periodo crítico

Se produce entre los 13 y 14 años y dura aproximadamente un año. Algunos chicos permanecen en esta etapa unos meses y otros varios años. Se produce un crecimiento más acelerado de todo el cuerpo aumentando en tamaño y peso. Las características sexuales primarias y secundarias son más evidentes y señalan el paso a la siguiente fase. Se puede observar la predominancia del cartílago tiroides (nuez de Adán). La voz hablada suena más ronca y se percibe más grave la frecuencia fundamental que se sitúa en el Lab2.

Es importante explicar que los «gallos» de la voz que aparecen en este momento son sólo el resultado del crecimiento desigual y a distintas velocidades de los músculos laríngeos. Cantar minimiza este efecto al ayudar a adaptar su técnica vocal a las nuevas circunstancias y es necesario animarles a cantar con su nueva voz.

La voz cantada presenta una cualidad más aireada a causa del crecimiento que es más activo y acelerado. Se percibe más rugosa, oscura y fina que en la etapa anterior, no suena rica en armónicos y tiene poca agilidad.

Las notas graves permanecen estables mientras que las agudas se tornan muy inestables y por ello la afinación se puede ver afectada. Empieza a emerger el registro de falsete por lo que en esta etapa es normal que exista una cierta descoordinación en la parte aguda de la voz.

El falsete aparece entre Sol3 y Re4, mayormente en el La3. El falsete es la base sobre la que se construirá el registro de cabeza masculino adulto por lo que debe ser trabajado cuidadosamente a través de ejercicios de exploración/vocalización. El docente debe explicar los cambios de registros y cómo hacer los ajustes vocales para poder acceder así como las sensaciones acústicas que provocan para que el alumno relacione sensación con ajuste adecuado.

La transición entre la voz mixta (modal) y el falsete está entre el Fa2 y el Do3. Cantar en falsete evitará que se produzca en el futuro una hiperfonación en las notas agudas hasta que se puedan cantar las notas agudas en voz mixta. Es importante enseñar a mezclar los registros en la zona aguda de la voz partiendo del falsete.

Algunas voces, excepcionalmente, pueden producir además, notas en el registro de silbo más allá del Do4. Los registros que se observan en esta etapa son: Modal/mixto Fa2-Si3; Falsete Do4-Si4; Silbo Do5-Re6.

El rango de la voz cantada se encuentra entre Mi/Fa2-La3/Do4 y el rango de la voz hablada entre Fa2-Fa3.

▶ Fase 4: Midvoice IIA. Clímax del cambio

Es una fase de transición y dura cuatro meses entre los 13 y 14 años, excepcionalmente se puede producir en dos meses o en diez meses. Se observa cómo se completa el proceso de desarrollo sexual primario y secundario. Debido al crecimiento generalizado del cuerpo hay una mayor resistencia a la hora de mantener los sonidos. La muda alcanza su punto álgido y es el periodo más inestable y en el que la voz se encuentra más vulnerable y es susceptible de dañarse si no se trabaja bien.

La voz hablada se percibe más ronca y aireada y la frecuencia fundamental desciende hasta el Fa2.

En las clases individuales de canto es más sencillo pautar el trabajo y ser cuidadoso en este momento en el que los chicos tienen un rango vocal acortado. El registro de falsete se produce por encima del Fa3 pero en algunos casos no se produce fácilmente, sobre todo en la zona de transición de la voz mixta (registro modal). Hay que ser cuidadosos con el uso del falsete y sobre todo evitar hacer las notas agudas en el registro de pecho (*heavy belting*). Es necesario trabajar la inclinación de la laringe en la zona de transición, a partir del La2-Si2. La parte en la que los chicos pueden hacer voz mixta o falsete está entre entre Mi3-Si4 y la mayoría de los chicos pueden hacer el falsete a partir del Sol3. La parte más problemática está entre el Re3 y el Sol3.

Se suele perder agilidad y existe la tendencia a aumentar la presión subglótica y forzar para producir las notas, especialmente en los extremos de la voz observándose tensión o exceso de aire. El rango de la voz cantada está entre Re2-Mi3 y el rango de la voz hablada entre Fa2/Sol2-Si2/Do3

▶ Fase 5: New voice. Voz emergente adulta

Esta fase dura entre tres y cinco meses, puede reducirse a tres meses o ampliarse a ocho, se produce sobre los 14 años pudiendo oscilar entre los 13 y los 15 años. En este momento se empieza a estabilizarse el proceso de cambio y el crecimiento y maduración se ralentizan. La frecuencia fundamental del habla se sitúa en el Re2, entre el Do2 y el Mi2. Las frecuencias graves son más evidentes y la cualidad de la voz hablada más consistente, con más armónicos.

La voz cantada suena más clara y ligera con un sonido característico que no se parece al de las voces adultas. El control de la afinación en el registro modal puede verse afectada, sin embargo se producen las notas de falsete con facilidad. Puede aparecer cierta dificultad en la transición entre las frecuencias Do3-Fa3, en ocasiones no pueden producir sonidos en esta franja, sin embargo, algunos pueden producir falsete por encima del F3 aunque no puedan producir las notas en ese hueco. Es necesario trabajar la inclinación de la laringe en este punto. Los ejercicios que ayudan a mezclar los registros con pajitas, kazoos, SOVT (trino de lengua y labios, /u/, etc) son de gran ayuda. En el caso de no poder supervisarlos es mejor no forzar la voz y dejar que madure la voz. El rango de la voz cantada va desde Sib1/Si2-Do3/Re#3 y el rango de la voz hablada entre el Do2 y La2

▶ Fase 6: Barítono desarrollado o voz post cambio

Es la fase final en la que la voz se torna más estable y tanto la tesitura como la extensión se amplían. Sucede sobre los 14-15 años y ya se observa la aparición del pelo y el crecimiento del cuerpo (pecho y hombros crecen, aumenta el peso, etc.). Las cuerdas vocales alcanzan su máximo crecimiento y el tracto vocal adquiere su forma adulta. En esta etapa se marca la tendencia que seguirán en su voz adulta, es decir, si tendrán voz aguda o grave (tenor/barítono/bajo). Aún no suenan como adultos pero las cualidades únicas de la voz empiezan a aparecer.

La frecuencia fundamental del habla se encuentra entre el La1 y el Do#2. La voz suena más llena y profunda y es más estable.

En cuanto a la voz cantada se produce una expansión y estabilización de la extension y la tesitura. Sin embargo, la voz no está madura físicamente para afrontar repertorio adulto. Pueden cantar en el registro de falsete con más precisión y producir un sonido más enfocado pero las notas Re3-Mi3 se han de trabajar con cuidado porque existe cierta tendencia a forzarlas (hay que ajustar la presión de aire y la inclinación de la laringe). Las notas agudas son más fáciles de cantar. Se puede percibir un leve vibrato en algunos casos.

Los chicos pueden cantar muchas partes graves pero la tesitura más adecuada para cantar se encuentra entre Si1-La2. El rango de la voz cantada se encuentra entre el La1 y el Mi3; el rango de la voz hablada entre el Si1 y el Si2.

En las clases individuales es posible hacer una evaluación más sistemática. En las clases colectivas el docente en las que los chicos no tengan una gran experiencia vocal hará bien si toma como referencia el rango de la voz hablada para seleccionar el repertorio y poco a poco ir expandiendo las tesituras en función del entrenamiento que se vaya ofreciendo con los calentamientos y que ayuden a emitir de manera confortable en toda la voz cantada.

5.2.2. La muda vocal en niñas

Al igual que sucede en los niños, las niñas también experimentan durante la pubertad un desarrollo laríngeo que ha sido estudiado y descrito por diversos investigadores desde los años setenta hasta la actualidad.

El referente en cuanto a la descripción de la muda femenina es la Dra. Lynn Glacke quien ha desgranado las distintas fases de la muda. Después de los trabajos de Glacke, no ha habido nuevas aportaciones que contradigan su teoría sobre la muda de la voz femenina. Las voces femeninas pueden llegar a tardar 4 años en adquirir sus características adultas.

El cambio de voz suele comenzar sobre los 10 y completarse a los 14-15 años. Generalmente las niñas tienen su pico de crecimiento dos años antes que los niños y los cambios fisiológicos incluyen un aumento del tamaño de la laringe (en grosor y longitud), aunque la membrana de las cuerdas vocales aumenta sólo 4 mm (frente a los 10 mm de los hombres) puede suceder que la glotis no pueda cerrar completamente por el desnivel que se produce en las cuerdas vocales. Este desnivel es la principal razón de que la voz suene entrecortada, débil o aireada, aunque también puede deberse a una falta de control y/o coordinación de la musculatura del aparato fonador.

El aspecto más destacable es que la voz femenina pierde brillantez, se engrosa y presenta problemas de escape de aire cuya causa es fisiológica y madurativa y fue descrita por W. Vennard, en su obra *Singing, the mechanism and the technique* (1967). Esta deficiencia en la fonación, típica de la laringe femenina en la adolescencia, se debía a la aparición de lo que denominó el hueco o triángulo morfológico («mutational gasp»). Esta hendidura es un hueco triangular que aparece entre las terminaciones posteriores de las cuerdas vocales como resultado del debilitamiento de los músculos interaritenoideos que fallan a la hora de cerrar las cuerdas vocales completamente para la fonación. Este hueco va desapareciendo conforme las voces maduran y se fortalecen. El aire aparece en toda la tesitura.

Mientras que una buena técnica vocal puede tender a minimizar la calidad soplada y áspera de la voz femenina adolescente, no es posible eliminar totalmente el escape de aire que sufren las chicas en esta edad al cantar, ya que esto sólo se resuelve en la medida en que la musculatura laríngea madura y es capaz de cerrar la glotis convenientemente.

Las voces femeninas adolescentes se pueden agrupar en un grupo homogéneo no siendo conveniente clasificarlas en sopranos-mezzos-altos sino entendiendo que todas deben trabajar como si fueran soprano II o mezzos.

La teoría de la muda vocal femenina descrita por Glacke comprende cuatro etapas en las que la aparición del periodo o menstruación marca los tempos. En función de la aparición de la menstruación el proceso puede adelantarse o atrasarse. Por eso en ocasiones se puede observar que algunas niñas tienen voces que parecen adultas, generalmente han tenido una menstruación anticipada. Hay que resaltar que las etapas se caracterizan por cambios en la consistencia de la voz más que en los cambios en el rango/tesitura vocal.

La extensión vocal desciende en el límite inferior una tercera y el límite superior se eleva ligeramente. La tesitura se mantiene en los agudos y al final del proceso aumenta. La voz carece de claridad y presenta cierta ronquera y dificultad para controlar la respiración, cambia la consistencia del sonido en cuanto a timbre que se vuelve más oscuro. Se desarrollan los registros adultos. Las notas de paso o cambio de registro se modifican en el proceso de desarrollo.

▶ Etapa 1: Prepuberal/preadolescente. Voz de niña

Se produce entre los 8 y los 11 años. Hay niñas que inician el cambio más tarde, incluso con 14 años. Se observa que la frecuencia fundamental de la voz hablada oscila entre el Do3 y el Mi4 (puede variar desde el La2 hasta el Fa3).

La voz cantada produce un sonido claro, aflautado y no presentan cambios bruscos en los registros, la voz es flexible y manejable. Son más dúctiles que las de los chicos. Las tesituras oscilan entre el Sib2 y el Fa4 pudiendo alcanzar el La4. Las tesituras más cómodas están entre el Re3 y el Re4. No hay roturas o «gallos».

▶ Etapa 2A: Pubescente/premenárquica

Comienza el cambio entre los 11-12/13. Se notan los primeros síntomas de la maduración en el comienzo del crecimiento de los pechos y el aumento de peso. Aumenta el olor corporal. La frecuencia fundamental del habla se agrava hasta el Si2-Do#3 (pueden variar entre el La#2 hasta el Re3).

En la voz cantada puede aparecer la cualidad aireada debido a la aparición del mutational gasp en toda la voz. El cambio de registro del grave al agudo aparece entre el Sol3 y el Si3 por lo tanto es necesario hacer hincapié en la inclinación laríngea en esta zona. Las chicas notan una mayor dificultad para cantar las notas agudas y en ocasiones se sienten incómodas, pueden sentir dificultades en controlar las dinámicas, especialmente en las notas del registro medio y agudo. Se puede producir una pérdida transitoria de los sonidos graves.

Debido a que la parte grave se engrosa, las chicas perciben una diferencia grande entre el registro de pecho y el de cabeza. En este momento se corre el riesgo de bloquear el registro agudo, por eso es necesario enseñar a equilibrarlos. La extensión comprende desde el La2 hasta el Sol4 (incluso el La4). La tesitura va desde el Re3 al Re4 y los cambios de registro se producen entre el Sol3 y el Si3.

Etapa 2B: Pubertad/postmenárquica

Se produce entre los 13-14/15 años. Es el momento más crítico del periodo de cambio. Puede aparecer la voz ronca sin infección de las vías altas. La frecuencia fundamental del habla desciende hasta el La2-Do#3 (puede variar entre el Sol2 hasta el Re3).

La voz cantada puede variar desplazando la tesitura hacia el agudo o hacia el grave, también se puede reducir la testitura en la que se puede cantar a seis o siete notas. Los cambios de registro aparecen entre el Sol3 y el Si3 y a veces también entre el Re4 y el Fa#4. A veces el registro grave es más fácil de producir, generando la idea de que la chica es una contralto. Cantar en ese registro puede ser más confortable pero no debe mantenerse la voz únicamente allí porque cantar permanentemente en el registro de pecho puede ser perjudicial para la evolución de la voz.

Generalmente, lo que sucede si no se canta en toda la tesitura, es que la voz de pecho se produce con demasiada constricción de las cuerdas vocales tanto al hablar como al cantar y esto puede derivar en una lesión. Vocalizar en toda la extensión (aunque la tesitura esté más reducida) ayudará a desarrollar la coordinación necesaria para equilibrar los registros a través del mecanismo de la inclinación de la laringe con el objetivo de equilibrar la voz mixta y no realizar las notas agudas en el registro de pecho.

Es muy importante que las chicas aprendan a percibir internamente los cambios de registro, es decir, que las sensaciones que se producen en las notas graves a nivel interno no tienen nada que ver con las sensaciones que se producen a la hora de hacer los agudos proyectados, emplear grabaciones es de gran ayuda porque la zona centro grave la perciben más sonora y además se identifican con ella como «ya mujeres» y la zona aguda bien realizada se percibe como si fuera un silbido ligero y además suelen pensar que ese sonido no se oye o que es un sonido de niño pequeño. Deben aprender que esas diferencias que notan a nivel interno no se corresponden con el sonido que se produce fuera, de hecho la voz suena homogénea aunque ellas tengan sensaciones tan dispares.

La extensión va desde el La2 hasta el Fa4 (Incluso el La4), la tesitura va del Si2 hasta el Do4. Los cambios de registro aparecen entre el Sol3 y el Si3 y entre el Re4 y el Fa#4.

▶ Etapa Adulta Jóven/postmenárquica

Se completa la muda de la voz femenina entre los 14-15/16 años. La frecuencia de la voz hablada se produce entre el Sol#2 y el Si2 (límites aceptables Fa#2 y Do3). El timbre se aproxima al de la voz adulta, más rica en armónicos y con más cuerpo.

La voz cantada es más estable. Se aumenta el control de la afinación y el volumen. El aire en la voz empieza a desaparecer. Las roturas de voz se producen más en el segundo pasaje (Re4-Fa#4), hecho que es muy común en las voces adultas de mujer. Aparece el vibrato y aumenta la agilidad vocal. El timbre se torna más rico.

5.3. Desarrollo musical en la adolescencia

Entre los 12 y los 15 años los adolescentes pueden desarrollar en gran medida sus aptitudes musicales a través de la práctica sostenida y la guía de buenos docentes. Sus conocimientos musicales pueden alcanzar cotas muy aceptables si han seguido un proceso lógico en sus estudios elementales. De no haber sido así, la práctica educativa deberá ser diseñada partiendo de los niveles de conocimientos previos.

En esta fase se pueden encontrar alumnos con una gran capacitación musical con un fuerte criterio en la elección de lo que oye, hace o escucha. Este aspecto debe ser tenido en cuenta por los docentes para aumentar la motivación hacia la música.

Rítmicamente puede manejar valores de figuras irregulares y difíciles. El lenguaje musical de acorde, modo mayor o menor, tono, semitono, alteraciones, etc., es ya conocido y el alumno es capaz de indentificar fácilmente numerosos parámetros musicales.

En esta etapa se tiene tendencia a formar grupos musicales, corales, etc. La idea de lo colectivo es más firme y además es una actividad socializadora muy potente. Animar a los jóvenes a componer sus propias canciones mantendrá la motivación hacia el canto y permitirá ajustar la composición a las tesituras que pueden cantar cómodamente.

Normalmente sienten una gran atracción y admiración por la dificultad de los medios técnicos o instrumentos complejos (guitarras eléctricas, sintetizadores, etc.).

5.4. Implicaciones didácticas

El objetivo fundamental de la enseñanza del canto en esta etapa sigue siendo establecer un buen gesto vocal que permita el desarrollo del esquema corporal vocal y que se ajuste a los cambios morfológicos de los adolescentes.

La cuestión de la muda vocal se ha de afrontar de manera rigurosa ya que es una realidad a la que se deben enfrentar tanto docentes como alumnos. Ambos deben ser conscientes del proceso, sus fases y de las pautas a seguir durante la misma.

Muchos jóvenes quieren saber si serán tenores/barítonos/bajos o so-
pranos/mezzos/altos. Es necesario explicar que hasta que no se comple-
te la muda no es posible hacer una clasificación vocal, tan sólo se puede
evaluar en qué fase están.

Es recomendable que los niños al llegar a la adolescencia tengan
asimilado un buen esquema corporal vocal, adquirido en la segunda
infancia, época de mayor estabilidad vocal, y sepan de qué manera funciona su voz para entender qué aspectos relacionados con el desarrollo
de la voz son una limitación fisiológica momentánea, cuáles una dificultad técnica y cuáles a un problema /lesión vocal.

El docente debe saber detectar el comienzo de la muda vocal y las
fases para preservar la salud vocal de los jóvenes. Cuando el docente
sabe detectar:

- las variaciones más frecuentes que se producen en la voz
- las fases que atravesarán tanto chicos como chicas
- los aspectos vocales que se deben considerar como normales y
cuáles deben hacerle estar alerta

Se le podrá guiar vocalmente a través de las diferentes fases, indicán-
doles los cambios que se producirán de manera paulatina en sus voces
y los ajustes vocales necesarios para cantar en las notas más cómodas y
evitar la emisión forzada y la fatiga.

Es recomendable que el docente lleve un registro de las variaciones
que vaya percibiendo en cuanto a: la frecuencia fundamental del habla,
el rango de la voz hablada y cantada, los cambios de registro y el grado
de desarrollo físico. Esto le ayudará a plantear unos objetivos de trabajo
de los ajustes necesarios a realizar para adaptar la práctica a aquello que
pueda realizar el alumno sin forzar. La reducción de la tesitura durante
la pubertad debe verse correspondida con una elección cuidadosa de
los ejercicios de exploración vocal y del repertorio.

En el caso de las chicas es conveniente saber cuándo ha aparecido el
periodo. Esto permitirá estimar en qué fase se encuentra la niña y planificar cuidadosamente la práctica.

En el caso de los chicos que han cantado en la primera infancia es
necesario, en muchas ocasiones, hacer un proceso de «duelo» de su voz
infantil para que reciban positivamente los cambios y acepten su «nueva» voz como parte de su identidad. Hay que evitar que permanezcan

cantando en las notas agudas y es necesaria la guía y el acompañamiento de un profesor de canto cualificado que planifique los ejercicios de exploración/vocalización: limitados a la extensión vocal en cada momento y que permitan que los registros surjan y se estabilicen.

Los docentes encontrarán también alumnos que no han desarrollado suficientemente su voz cantada en la primera infancia. Es preciso asumir que sólo a través de la mejora de su esquema corporal vocal, es decir del desarrollo del bucle vocal sensorio-motor, podrán mejorar sus habilidades para cantar y desarrollar su esquema corporal vocal. Este trabajo se debe hacer siempre en las notas en las que pueden cantar de manera cómoda.

Los adolescentes que asisten a clases de canto individuales con profesores cualificados y debidamente formados en el trabajo de las voces juveniles, pueden mejorar su rendimiento vocal de una manera más acelerada que aquellos que participan en actividades corales debido a que la retroalimentación individual y las actividades personalizadas les ayudarán a transitar por la muda vocal y reconocer los cambios de cada etapa con mayor precisión. El docente además diseñará ejercicios personalizados y seleccionará un repertorio específico así como los tonos adecuados en cada momento de manera que el alumno incrementará su motivación, su práctica y por tanto su rendimiento.

La retroalimentación que ofrece el docente es crucial cuando a los alumnos les cuesta discriminar las sensaciones internas de una buena producción vocal, ya que en muchas ocasiones no se corresponde con el sonido que ellos quieren percibir internamente. Es recomendable que los alumnos se graben las clases para poder apreciar, sobre todo, los cambios de registros, porque lo que ellos sienten y perciben internamente no se corresponde con el sonido que se produce «fuera».

Este es el momento ideal para animar a los alumnos a crear sus propias canciones, para que puedan ajustar sus capacidades vocales a la interpretación. Es importarte animarles a que trabajen con un teclado o con una guitarra para poder profundizar en el conocimiento musical y armónico. Algunos alumnos se animan a trabajar con pedaleras que les permiten superponer sonidos, es algo que fomenta la creatividad y el pensamiento musical estructurado.

En cuanto al repertorio, los jóvenes quieren cantar canciones que en muchos casos superan la tesitura que pueden hacer. El docente debe supervisar constantemente la evolución de la tesitura con la edad. Se pueden proponer cambios de tono o variaciones de las melodías, hecho que estimula su creatividad. La prioridad es que el repertorio sea atractivo para permitir continuar con la actividad canora de una manera divertida y sobre todo segura.

Hay canciones que cantan hombres y quieren cantarlas las chicas o viceversa. En estos casos hay que transportar aproximadamente una tercera para que resulten cómodas. Una tercera descendente para las canciones de chico que vayan a cantar las chicas y una tercera ascendente las canciones de chica que vayan a cantar los chicos (en realidad, a efectos sonoros, una sexta descendente teniendo en cuenta que los chicos cantarán en una octava inferior).

En el caso de las chicas, existen canciones de tenor ligero que pueden ser cantadas en la misma octava y resultan cómodas. Algunos ejemplos son canciones de John Legend («All of me») o Bruno Mars («When I was your man»).

Hay que animar a los alumnos a formar parte de agrupaciones musicales: coros, grupos de pop o rock, etc. Esto ayudará a trabajar otra serie de habilidades necesarias para el desarrollo integral como músicos.

También hay que fomentar que los alumnos asistan a conciertos y eventos musicales de todo tipo, así como a escuchar muchos tipos de música y crear un criterio de apreciación musical que les haga crecer y desarrollar su musicalidad y sensibilidad.

▶ Clase de canto colectiva/agrupaciones corales:

En una clase individual se puede atender a las necesidades vocales de cada fase de una manera más flexible y personalizada, situación que no ocurre así en las formaciones corales donde además una mala clasificación puede ser comprometedora en la evolución vocal de los adolescentes.

Los docentes responsables de formaciones corales compuestas por adolescentes deben evaluar de manera individual a sus miembros para poder modificar su ubicación en el coro (partes agudas/medias/graves) en función de la etapa en la que se encuentren.

En el caso de las clases de música en educación secundaria es muy importante que los docentes tengan recursos para escuchar las voces de manera individual (trabajo de gran grupo/trabajo de pequeño grupo/ trabajo individual) y pidan el *feedback* de los alumnos cuando no se sientan cómodos, para así detectar los cambios más sutiles en la voz (o incomodidades a la hora de cantar).

El profesor debe observar cualquier síntoma de tensión a la hora de cantar y reubicar a los alumnos si es necesario. Es muy posible que un alumno cambie de lugar en el coro a lo largo de un año. Es más sencillo encontrar un repertorio adecuado y atractivo cuando se canta a varias voces que cuando se canta al unísono.

Las voces se deben clasificar en tres grupos: agudo/medio/grave y no en chicos/chicas porque van a estar en diferentes etapas de la muda vocal.

- Agudas: Precambio y Midvoice I
- Medias: Midvoice II y Midvoice IIA
- Graves: New Voice y Emerge Adult Voice

De esta manera el docente podrá planificar la actividad coral y desa-rrollar la habilidad de cantar a varias voces que es más conveniente que cantar al unísono.

6

EL APRENDIZAJE FORMAL DEL CANTO. LA CLASE DE CANTO

Enseñar a cantar a los niños es ayudarles a formar su pensamiento musical y su esquema corporal vocal, respetando sus características fónicas y sus límites fisiológicos y madurativos.

Cada vez es más frecuente que los niños asistan a clases de canto en pequeño grupo o individuales que deben ser impartidas por profesores especializados en el trabajo con niños que emplean materiales y recursos adaptados a sus edades y capacidades. En una clase individual de canto el profesor puede adaptarse completamente a las necesidades del alumno y puede diseñar una práctica totalmente personalizada.

Los padres deben asegurarse que el docente trabaja dentro de los límites físicos, mentales y emocionales de los niños. Esto se percibe porque los niños van a gusto a las clases porque son divertidas y porque mejoran su competencia vocal y musical progresivamente.

El entrenamiento uno a uno o en pequeño grupo de manera regular en los niños entre 6 y 19 años aumenta el rango vocal hasta una octava en el límite superior. Esto no sucede sin las clases de canto. El límite inferior no aumenta debido a factores anatómicos y fisiológicos. La duración de la clase canto individual recomendada es de 30 minutos hasta los 8-10 años y entre 45-60 minutos a partir de los 11-12 años.

En el caso de los ensayos corales o clases de música las premisas son las mismas pero el tipo de actividades deben estar adaptadas al grupo, con lo que algunas de ellas pueden verse enriquecidas por la interacción del grupo y otras dificultadas. Aun así, el docente debe procurar proponer actividades que le permitan escuchar las voces de manera individual para poder ofrecer la retroalimentación adecuada.

6.1. La estructura de la clase

▶ Introducción:

En la clase individual es importante que el alumno sienta que se le escucha y que la clase de canto ofrece un entorno emocional seguro. Se establece un breve diálogo en el que se menciona el estado de salud, cómo ha transcurrido el estudio individual, si hay alguna actuación prevista y otras cuestiones similares.

En las clases colectivas se debe plantear el objetivo de la sesión y aquello que se va a trabajar. Cuando los alumnos conocen aquello que se va a hacer son capaces de mantener mejor la atención.

▶ Calentamiento vocal:

El calentamiento es imprescindible para preparar el cuerpo y la mente para cantar y no puede descuidar ningún aspecto del trabajo vocal por lo que cada día hay que hacer ejercicios de cada tipo y en orden, es decir, primero la postura y por último la resonancia y articulación. El orden permite a los alumnos solapar sensaciones, mejorar su percepción corporal y desarrollar su capacidad de retroalimentación motora.

En 8-10 minutos se puede hacer un buen calentamiento que ayude a desarrollar la voz a través de ejercicios de postura (estática y dinámica), respiración, emisión, resonancia y articulación, que se diseñan en función del aspecto del gesto vocal a mejorar, en función de una determinada habilidad musical a aprender (escalas, acordes, ritmos, etc.) o en función del repertorio que se va a trabajar posteriormente preparando la resolución de los problemas técnicos. Los niños y en ocasiones los docentes tienen prisa en pasar a cantar las canciones y eso es algo peligroso y contraproducente. El calentamiento vocal planificado es esencial para mejorar la manera de cantar.

▶ Estudio del repertorio:

El repertorio puede ser interpretado *a capella* o con acompañamiento instrumental. Es recomendable el estudio con karaokes o bases musicales porque ayudan a mejorar las aptitudes melódicas y rítmicas y además ayuda al alumno a regular y a automatizar el aire, el esfuerzo muscular y los ajustes vocales necesarios y a sincronizarlos con una pulsación.

El docente debe permitir que los alumnos canten la canción entera o las partes que hayan estudiado sin interrumpir para que la experiencia se parezca lo más posible al ideal que se persigue y el alumno incremente su capacidad de autorregulación y ajuste vocal mientras canta.

Tras esa interpretación debe ofrecer *feedback* e indicar los progresos, las cuestiones resueltas, la manera en que han afrontado las dificultades, etc.; después hay que concentrarse en los aspectos a trabajar y proponer una serie de actividades en los fragmentos de la canción en los que sea necesario. Después de la retroalimentación y las actividades se debe volver a cantar y concienciar a los alumnos de las mejoras.

En la clase individual la retroalimentación es más intensa y el alumno puede verbalizar sus sensaciones a la hora de cantar, cómo han cambiado y cómo se ha sentido.

Es importante no desligar las cuestiones de expresión emocional a través de la música del aprendizaje vocal y enseñar recursos interpretativos a los niños a través de ejercicios de exploración emocional o dramatización de la historia que están cantando. Los alumnos deben comprender el sentido de aquello que cantan para poder expresarlo sinceramente.

La clase individual ofrece muchas oportunidades para el estudio diverso de un repertorio adecuado a los niños que va desde el repertorio popular y moderno (pop, Disney) al clásico. La enseñanza individual también permite adaptar los tonos para poder cantar canciones sin estrés vocal, sobre todo en la adolescencia.

Es importante preguntar por los gustos y preferencias del alumno. El alumno puede hacer un listado de canciones que se sepa o que le gustaría aprender porque es más fácil que aprenda con aquellas canciones con las que se identifica y que ya tiene más o menos codificadas en su memoria, sobre todo si aún no lee música. Después el docente debe secuenciar y pautar el estudio.

En la clase colectiva o ensayo coral el docente debe seleccionar un repertorio adecuado al grupo, por eso debe ser consciente del desarrollo de la voz cantada de los niños (test de evaluación) y proponer canciones que no excedan sus posibilidades vocales. Las tesituras en el caso de los grupos son, en general, más restringidas que en las sesiones individuales.

El docente debe fomentar la autonomía de los alumnos y por ello debe ofrecer herramientas para planificar el estudio. Es recomendable hacer un portofolio o carpeta de estudio (se puede hacer digital o en papel) en que el alumno reúna todo aquello que va aprendiendo: grabaciones de las clases, bases y karaokes de canciones, letras, partituras, acordes de las canciones, recursos audiovisuales, apps (espectrograma, teclado, afinador, grabadora, traductor, sonómetro, etc), reflexiones sobre las actuaciones, comentarios de conciertos a los que se asiste, etc. Recomiendo el uso de «La rueda del cantante» explicada en Guía práctica para cantar y que se puede descargar de manera gratuita en www.labrujuladelcanto.com

▶ Conclusiones y cierre de la sesión:

Al acabar la clase hay que reforzar los progresos y plantear las actividades a realizar durante la semana. Es importante que los alumnos se vayan a casa sabiendo que pueden mejorar y que las clases de canto son divertidas.

6.2. Prácticas abusivas

Debido a la falta de tradición en el tipo de enseñanza individualizada en niños/as y adolescentes es necesario conocer las líneas rojas que ningún profesor de canto debe atravesar para evitar dañar las voces de sus alumnos.

El entrenamiento vocal debe estar enfocado y planificado con el fin de evitar el abuso vocal y debe permitir el desarrollo gradual de la musculatura y el control de la voz. Una técnica errónea en la infancia puede ser la base de las dificultades vocales a lo largo de toda la vida por un desarrollo inadecuado del aparato fonador. El trabajo vocal saludable en la voz de un niño significa sobre todo respetar el sonido característico de la voz blanca de un niño y el sonido característico de la voz en el adolescente, permitiendo que sus voces cambien gradualmente con el crecimiento físico del mecanismo vocal.

Es necesario también que la sociedad en general conozca las prácticas abusivas y se informe públicamente para crear conciencia social sobre estos hechos:

❏ La práctica más dañina es la ignorancia del profesor de canto sobre la tarea que se le ha encomendado y el deseo, por parte de algunos adultos, de obtener beneficio o reconocimiento social de las voces de los niños y adolescentes.

❏ El uso de tesituras extremas (demasiado agudas o demasiado graves).

❏ Las voces de los niños y adolescentes no deben imitar en ningún momento las de los adultos ya sean pop, rock o lírico, porque este hecho produce que se fuercen los músculos de la laringe.

❏ Los casos en los que se considera un niño «prodigio» a aquel que canta ópera, pop o rock imitando los sonidos adultos, suponen una clara práctica abusiva y no deben ser admirados socialmente.

❏ El «heavy-belting» o cantar con voz de pecho en la zona aguda, puede dañar las cuerdas en un corto periodo de tiempo. Los niños y adolescentes que cantan forzando la laringe están expuestos a cualquier tipo de disfonía funcional y a la aparición de lesiones en las cuerdas vocales.

❏ Forzar una posición alta de la laringe durante la muda vocal para mantener el sonido infantil cuando debe permitirse que la voz vaya descendiendo hasta completar el cambio vocal.

❏ Tensar la mandíbula y empujarla hacia delante y gritar o cantar sin la suficiente apertura vocal.

❑   Cantar demasiado fuerte, sin control de la respiración y produciendo un sonido forzado.

❑   Trabajar exclusivamente uno de los registros vocales.

6.3. El profesor de canto

Un profesor de canto que enseñe a niños y adolescentes debe en primer lugar tener una auténtica vocación por la enseñanza. Aquellos docentes a los que no les gusten los niños y no estén dispuestos a entender sus voces y el mundo desde su mirada deben abstenerse de trabajar con ellos.

Aun así, esto no es suficiente, es necesario conocer la especificidad del trabajo vocal y se requiere de una reflexión acerca de las características o requerimientos que debe presentar un docente que enfoque su labor en los niños, así como aquellos aspectos que debe conocer para que esa labor sea respetuosa con las características vocales de los alumnos.

La educación vocal de los niños y adolescentes debe estar en manos de profesores cualificados que entiendan tanto qué debe hacer como la manera de hacerlo y que proporcionen buenos ejemplos a imitar por los niños.

Las competencias de un docente de canto son:

- Poseer un conocimiento básico del niño: anatomía y fisiología vocal, técnica vocal adecuada a la edad y el repertorio; y la psicología del niño. Comprensión del crecimiento y el desarrollo de la voz y de las diferencias anatómicas y fisiológicas entre los niños, adolescentes, adultos y ancianos para realizar una práctica óptima y saludable.

- En la continuidad de las clases, el docente debe ser sensible a las crecientes y cambiantes características de los cuerpos y las mentes de los niños y adolescentes. Evitar que los estudiantes canten más allá de sus limitaciones vocales y emocionales.

- Conocer las prácticas abusivas y sobre todo vigilar que los niños no imiten las voces adultas ni los sonidos más grandes que sobrepasen su capacidad.

- Inteligencia emocional y empatía del docente. La clase debe proporcionar un ambiente adecuado de aprendizaje para los niños. Elementos como la postura, el control de la respiración, fonación, resonancia, articulación y habilidades interpretativas deben abordarse en un ambiente paciente, creativo, de manera lúdica y en un contexto emocional seguro.

- Amplia formación musical y de idiomas. Los docentes deben conocer una gran cantidad de repertorio y seleccionarlo (análisis técnico y didáctico) para que no supere el entendimiento físico, intelectual y emocional.

- Los profesores deben ser capaces de comunicarse efectivamente con los padres y tutores en materia de formación de sus hijos, la elección del repertorio, y el potencial de crecimiento.

6.4. Evaluación inicial de las aptitudes del alumno

El docente debe hacer una evaluación de las habilidades vocales y musicales iniciales (puede emplear los test sobre la adquisición de la voz cantada y la afinación, los test sobre los niveles de *audiation* diseñados por Gordon, o usar un cuestionario sobre experiencias musicales previas).

Algunas ideas para realizar esta evaluación son:

- Hacer cantar una canción al alumno *a capella* o con base instrumental.

- Hacer cantar ejercicios de exploración vocal de afinación determinada o indeterminada.

El docente obtiene información sobre: la capacidad de mantener el pulso y del desarrollo de las aptitudes rítmicas; afinación, registros vocales y tesituras, articulación y memoria a corto y largo plazo; patrones musculares que dificulten el gesto vocal. Tras la evaluación el profesor puede determinar si el bucle vocal sensorio-motor está bien establecido o si, por contra, tiene que intervenir en alguno de los aspectos: percepción auditiva, esquema motor, percepción del sonido/retroalimentación.

Para las clases colectivas se puede enseñar un ejercicio vocal sencillo que puede ser una melodía de una canción sencilla (que no exceda una sexta y se cante entre Re3-Si3) o una frase. El profesor canta la frase ayudándose con gestos y los alumnos imitan, primero en gran grupo y luego en pequeño grupo. En este primer momento el profesor puede detectar a aquellos que lo pueden hacer de los que no y aquellos que producen un sonido relajado de los que no.

Después ese mismo ejercicio se hace sin letra: primero con una sílaba /la-la-la/. Después con un trino de lengua /r/ o labio /br/. Después sobre una /u/. Se vuelve a cantar el fragmento y se observa si los alumnos a los que les costaba afinan mejor y/o cantan con mayor facilidad. Puede darse el caso de que canten con mayor facilidad pero les siga costando afinar, en este caso habrá que hacer hincapié en el trabajo de la *audiation*. En el caso de que afinen mejor pero canten forzados habrá que hacer más hincapié en el gesto vocal.

Después el mismo ejercicio se transporta de semitono en semitono, primero hacia el agudo y se les pide a los alumnos que paren si se sienten forzados o el profesor indica con un gesto en el hombro que pare. Después se va descendiendo hacia el grave y se procede de igual manera. Este ejercicio dará una idea al profesor información de las tesituras que puede considerar y es un ejercicio previo a la clasificación por voces del grupo.

El docente se encontrará que en general los niños están preparados física y mentalmente para aprender de manera consistente secuencias sonoras y movimientos físicos (gestos de brazo, percusión corporal, etc.) cada vez más complejos pero debe conocer el punto de partida para favorecer el desarrollo de todo el grupo.

6.5. Los objetivos de la clase de canto

Se han de diferenciar cuatro bloques de objetivos en el proceso de enseñanza-aprendizaje:

- Generar un contexto de aprendizaje saludable en el que se favorezca el conocimiento de uno mismo y de sus emociones y su capacidad de expresarlas a través de la música. En el caso de las clases colectivas se pueden trabajar también habilidades interpersonales de trabajo en equipo, compañerismo y socialización.

- El trabajo de exploración vocal y la adquisición de un buen gesto vocal que desarrolle el esquema corporal vocal de la voz cantada. Conocer la voz, aprender a cuidarla, aprender a entrenarla, a desarrollarla neuromuscularmente y usarla para expresar emociones a través de la música.

- El aprendizaje musical y la *audiation* (patrones ritmicos y melódicos y la capacidad de imitarlos, reconocerlos auditivamente, leerlos y escribirlos). Aprender a escuchar y entender diferentes tipos de música y estilos.

- Aprendizaje del repertorio adecuado y variado (clásico, popular y moderno). Aprender a cantar *a cappella*, con acompañamiento instrumental y/o karaokes. Aprender a cantar a varias voces. Cantar en varios idiomas, entender las letras y las historias, memorizar y expresar emociones a través de las canciones y cantar delante de otras personas.

6.5.1. El contexto emocionalmente saludable

Se ha de transmitir la idea de que todas las voces tienen algo especial, que son únicas y bellas y que todos los niños pueden aprender a cantar de manera saludable. Los niños ya se comparan entre sí y tienden a calificarse y a calificar a los demás, por eso el profesor no debe contribuir a estas etiquetas y debe fomentar el valor que la diferencia y la riqueza tienen para el grupo.

La clase de canto como «laboratorio de sonidos» vocales y un espacio de expresión emocional que requiere de una gran sensación de seguridad y respeto. Si el alumnado no siente la suficiente autoestima y confianza como para expresar con su voz aquello que siente, se cerrará física, mental y emocionalmente.

Se debe trabajar la voz desde el cuerpo y también desde las emociones, por lo tanto, en todo momento se ayudará al alumno a identificar las emociones que contienen las canciones, fomentando así la expresividad y la capacidad musical y comunicativa.

A la hora de desarrollar el trabajo emocional del repertorio en el aula, es necesario que los alumnos adquieran la capacidad de identificar, describir y verbalizar las emociones básicas (amor, odio, alegría, tristeza, melancolía, rabia, etc.) así como identificar la sensación física y corporal que les genera.

Se debe entender el cuerpo como un instrumento para aprender a cuidarlo a través de una correcta higiene vocal. Mantener el cuerpo en buenas condiciones mejorará la manera de cantar. Se ha de indicar que no deben sentir dolor, picor o tensión a la hora de cantar y que si lo sienten deben decirlo. Además se debe definir voz sana/voz insana para comprender que no todas las maneras de cantar son adecuadas y que hay prácticas que dañan la voz como: gritar, carraspear, toser, etc. También se deben explicar las pautas a seguir cuando su voz se ve afectada por un catarro, una alergia, etc.

El docente debe escuchar con atención a los alumnos cuando cantan. La retroalimentación en cuanto al gesto vocal, la exactitud de la afinación, los ajustes vocales que requiere una canción y la comprensión musical, son una información esencial para que los niños perfeccionen sus habilidades musicales. No se ha de presuponer que porque se aprende una canción se aprende un buen gesto vocal o se comprenden los conceptos musicales, ni porque se aprenden patrones rítmicos y melódicos se aprende a producir un buen sonido.

La retroalimentación debe hacerse siempre de manera positiva señalando las mejoras, animando los intentos por experimentar, felicitándolos por los logros y después señalando aquello que deben mejorar o sobre lo que deben prestar más atención. Las indicaciones debe ser claras y concisas y los ejercicios y experiencias propuestas deben mejorar la competencia vocal y musical de manera que los niños noten las diferencias y puedan adquirir los recursos auditivos y motrices necesarios.

La llamada «regla del sandwich» para corregir errores. El docente destaca algún aspecto positivo: «se nota que has estudiado», «hoy has estado muy concentrado», etc. Después debe indicar aquello que no ha estado tan bien de manera concreta y precisa, explicar la causa y ofrecer la solución a través de una actividad. Tras la práctica el alumno debe notar que es capaz de hacer las cosas mejor y es importante que verbalice la mejora.

La clase individual permite conocer más en profundidad al alumno puesto que es muy posible que el alumno sienta la confianza suficiente para expresarse y el docente perciba el estado de ánimo del alumno y escuche y aproveche esos momentos para ofrecer recursos que aumenten la inteligencia emocional del niño.

En el grupo o coro hay que trabajar la relación profesor-alumno y las relaciones de los miembros del grupo. Las correcciones han de hacerse de manera cuidadosa reforzando todo aquello positivo que se consiga. El docente debe escuchar con atención al grupo grande, después al grupo pequeño y finalmente a los niños de manera individual. De esta manera ofrecerá una retroalimentación más precisa y objetiva y podrá valorar los progresos y las dificultades que presenten los alumnos.

▶ La preparación para la actuación

La exposición pública de los alumnos nunca debe ser obligatoria ya que las primeras experiencias que tengan pueden condicionar la relación que tengan con el escenario el resto de sus vidas. El alumno debe «querer» compartir aquello que hace con los demás y el docente debe preparar emocional y mentalmente al alumno centrando el foco en la alegría que provoca cantar ante los demás.

Hay que explicar que la actuación es una actividad que se entrena y que siempre sucede algo inesperado, por eso hay que estar atento para poder seguir adelante. El docente debe incidir en la importancia del proceso de aprendizaje y que lo más importante es cómo se sienten y no tanto los errores que se cometen. Antes de la actuación es recomendable ayudar a los alumnos a visualizarse positivamente cantando a través de ejercicios de relajación que permiten desarrollar una memoria imaginativa y orientar al alumnado hacia el disfrute y la experiencia placentera de cantar.

La técnica vocal es una herramienta al servicio de la interpretación y el aprendizaje desde el disfrute es fundamental. Los aspectos referentes al trabajo interpretativo de las canciones se abordan en las siguientes fases:

❑ Entender el significado del texto y la historia de cuenta. En este momento se explican las metáforas, símiles y otras formas retóricas del uso del lenguaje.

❑ Una vez que son capaces de describir la historia se empieza a trabajar el recorrido emocional de la canción. Se identifican las emociones que aparecen y se apuntan junto al verso o estrofa.

❏   Seguidamente se les insta a escribir una secuencia de emociones que transcurren en la canción y piensen en situaciones de su vida que les hayan hecho sentir de esa manera.

❏   Se les hace escuchar la canción con los ojos cerrados teniendo en cuenta ese recorrido emocional evocando sus experiencias.

❏   Se les hace memorizar la canción interiorizando la secuencia emocional de la canción.

En las primeras fases del aprendizaje se les debe animar a cantar en contexto informales (delante de familiares y amigos) y posteriormente a participar en audiciones y conciertos.

Para la exposición pública es frecuente realizar sesiones de trabajo en equipo con un pianista, en las que estén presentes otros alumnos/as y la profesor/a. Durante las sesiones de trabajo con el pianista se ha de hacer hincapié en el trabajo de expresión. En las sesiones de trabajo en equipo con el pianista deben llevar las canciones aprendidas de memoria y llevar partituras o las letras para apuntar posibles dificultades que aparezcan en los ensayos.

Tras la actuación es importante ofrecer una retroalimentación de lo sucedido y entender cómo se puede mejorar para la próxima vez para disfrutar más en el escenario. Se deben analizar los tipos de respuesta: más cognitiva o más fisiológica para proponer actividades de discusión cognitiva en el primer caso o relajación en el segundo caso.

6.5.2. Construcción del esquema corporal vocal a través de un buen gesto vocal

Se debe preparar al alumno para cantar física y mentalmente a través de actividades de calentamiento y concentración. Esta parte de la clase debe tener como objetivo activar el sistema cuerpo-mente y desarrollar la musculatura implicada en la fonación a través de ejercicios variados y creativos que combinen el calentamiento vocal con el trabajo musical a desarrollar.

El docente ha de ser creativo a la hora de proponer los ejercicios y secuenciarlos adecuadamente: partir de ejercicios sencillos en los que se produzca un buen sonido, sin forzar, y posteriormente ir añadiendo complejidad a los mismos. Para ser creativos estos ejercicios pueden tomar frases o motivos del repertorio a trabajar o dificultades concretas que vayan a aparecer en el repertorio.

Para secuenciar los ejercicios adecuadamente se debe tener en cuenta:

- El orden de las actividades que activen el aparato fonador de manera adecuada. Los alumnos han de tomar consciencia de cómo pueden solapar sensaciones musculares para lograr una adecuada coordinación, por ello la propuesta de ejercicios ha de seguir un orden lógico en cuanto a postura, respiración, emisión, resonancia y articulación.

- La dificultad vocal. Ejercicios que eviten los extremos de la voz. Los ejercicios deben ser cortos y partir de la frecuencia fundamental del habla para poco a poco ir ampliando cómodamente la tesitura, en tempo moderato y en intensidades medias.

- La dificultad cognitiva. Partiendo de ejercicios sencillos rítmica, melódica y armónicamente.

Dado que el canto es un fenómeno complejo, es conveniente emplear recursos audiovisuales para que los niños entiendan cómo funciona la voz (vídeos de la respiración, el funcionamiento de las cuerdas vocales, de resonancias magnéticas de personas cantando, etc.). En www.labrujuladelcanto.com el docente encontrará una gran cantidad de recursos para el aula.

Recomendaciones para hacer un buen calentamiento:

- Evitar el estrés vocal, la exploración vocal se realizará siempre hasta donde los niños son capaces de emitir de manera saludable.

- Acompañar los ejercicios con movimientos fluidos que además pueden ayudar a que los niños hagan una representación visual de las alturas del sonido, de la intensidad, etc.

- Explorar la voz antes de hacerles cantar intervalos concretos mediante glissandos descendentes y otros ejercicios de afinación indeterminada les ayuda a que no tengan sensación de fallo.

- Hacer ejercicios simples y cortos ayudan a comprender y a adquirir consciencia de la acción de cantar con ayuda del *feedback* o retroalimentación que ofrece el profesor.

Los ejercicios de postura deben estar enfocados en:

- Fomentar el conocimiento de las partes del cuerpo implicadas en la fonación a través del tacto, de las vibraciones y del movimiento.

- Trabajar las diferentes maneras de autocontrol y relajación para la adquisición de una mayor consciencia del aparato fonador. Aprender a sentir el cuerpo, si está tenso o relajado, si los movimientos son fluidos o no, dónde se sienten las vibraciones, etc.

- Realizar ejercicios de postura y respiración combinados con movimiento corporal. Se pueden emplear bandas elásticas, pelotas de pilates, etc., para que no se establezcan compensaciones musculares.

- Las nociones sobre postura en sentido dinámico (caminando, bailando, coordinando con movimientos del tronco y brazos) y estático (sentados, de pie) les ayudarán a sentir cuándo su cuerpo está correctamente alineado. Conforme van adquiriendo su esquema corporal general y desarrollan su corteza motora es más fácil que sean capaces mantener posiciones estáticas con un equilibrio adecuado.

Los ejercicios de respiración deben centrarse en:

- Construir el gesto respiratorio: los niños pueden entender qué deben hacer para controlar la respiración (activa) que se necesita para hablar/cantar en la que la espiración debe ser controlada y la inspiración debe ser relajada. Son capaces de aprender la alternancia entre inspiración (relajación) y espiración (actividad muscular).

- Los ejercicios de respiración deben realizarse y supervisarse en cada clase para favorecer la adquisición del gesto respiratorio (sostén de la columna de aire) y fortalecer la musculatura implicada en la respiración de manera progresiva.

Los ejercicios de emisión deben enfocarse en:

- La exploración vocal de afinación indeterminada y determinada con vocalizaciones aumentan las conexiones neuromusculares y la coordinación a nivel de la laringe mejorando no sólo la extensión vocal, la calidad y la simetría de la vibración sino también la sensibilidad en el control de los cambios de la presión subglótica, los registros, la afinación, la interiorización del sonido, las sensaciones propioceptivas, etc.

- La exploración indeterminada debe realizarse en un rango reducido y con pocos sonidos antes de hacerles cantar intervalos concretos.

- Los ejercicios de emisión y coordinación fono-respiratoria ayudan a que los niños aprendan a coordinar los ajustes vocales y la presión de aire adecuada en cada parte de la voz (notas graves, medias y agudas) y para cantar legato.

- Es preferible trabajar en patrones melódicos de 3-4 notas en las que no se varíe el ritmo para que se pueda prestar atención a la afinación y los ajustes vocales necesarios. Los intervalos deben ser estudiados cuidadosamente y el oído educado para percibir los matices más sutiles de la entonación y el ajuste vocal.

- Los ejercicios descendentes ayudan a equilibrar la voz y, en niños con dificultades para acceder a su voz cantada, es fundamental realizarlos para acceder a sus notas más agudas. Pueden seguir esta secuencia:

  ▶ Ejercicio descendente de afinación indeterminada, como si fuera una sirena, empezando por la nota aguda. Mantener la mandíbula abierta desde la articulación.

  ▶ Ejercicios de intervalos (descendentes) sencillos, variados y practicando transposiciones para mejorar el sentido de la afinación en todo el rango vocal. Es aconsejable comenzar por la tríada mayor/menor descendente, primero con sílabas (bom/bom/bom), luego con el nombre de las notas y posteriormente con una letra. Han de comenzarse en Fa3 o Sol3. Se transporta ascendentemente y después se baja a las notas graves. Primero se toca en el teclado, luego canta el profesor y después los niños repiten.

- No se debe permitir a los niños cantar fuerte, cuanto más suave se canta más fácil es acceder al registro de cabeza y equilibrarlo con el de pecho para establecer la voz mixta o registro modal. Se recomienda vocalizar con una /u/ para equilibrar los registros vocales, unificar el timbre y fomentar la relajación de la laringe.

- Los ejercicios estándar de vocalización/patrones melódicos deben ser modificados y variados para crear ejercicios que se asemejen a los juegos o a las canciones que se cantan en lugar de ejercicios repetitivos y aburridos.

- El trabajo de extensión/tesitura y registros a través de vocalizaciones fáciles y diversas les ayudará a descubrir el potencial de la voz y establecer una voz mixta, o registro modal adecuado que permita cantar sin tensiones.

- Pueden aprender el concepto de inicio o ataque del sonido y percibir las vibraciones en la cara cuando producen una emisión adecuada.

- A partir de los 9-10 años se debe explicar cómo realizar el cambio de registro a través de ejercicios de inclinación de la laringe.

- En la adolescencia hay que prestar especial atención a la modificación de la frecuencia fundamental del habla, las tesituras y los registros.

- Los ejercicios de dinámica han de realizarse en base a la regulación de la columna de aire y no a través de la constricción laríngea. Los niños no deben cantar fuerte para evitar que fuercen la voz y produzcan un sonido «gritado».

- Es importante trabajar con ejercicios SOVT (Titze, 2008) para independizar la actividad de la laringe de la del tracto vocal, especialmente en la adolescencia. Este tipo de ejercicios ayuda a establecer de manera segura los ajustes vocales necesarios de los cambios de registro.

Los ejercicios de resonancia en estas edades deben ser meramente prácticos:

- Pueden entender cómo cambia el timbre cuando cambian la posición del tracto vocal.

- Los ejercicios con las pajitas (SOVT) equilibran la emisión y fortalecen la musculatura del tracto vocal por lo que deben practicarse de manera habitual.

- Se ha de entrenar la posición vertical del tracto vocal (boca, mandíbula, lengua, labios…) para producir un sonido relajado, resonante y proyectado, sin tensiones musculares innecesarias.

- En el caso de niños que cantan solos, si es necesario, se puede amplificar la voz con un micrófono para que el alumno no sienta la necesidad de aumentar la intensidad vocal para equilibrar su sonido con los de los instrumentos que le acompañan.

Los ejercicios de articulación son importantes para corregir posibles defectos y fortalecer la musculatura y la precisión.

- Es importante hacer ejercicios que ayuden a independizar la musculatura implicada en la articulación (lengua, mandíbula, velo del paladar).

- Aprendizaje de las reglas de dicción y los principios de articulación de la voz cantada: cómo se forman las vocales y las consonantes, cómo se pueden trabajar, cómo se pueden mantener mientras se canta legato.

- Son muy útiles los ejercicios en los que se dice el texto lo más rápidamente posible, como si fuera un trabalenguas. También es importante trabajar el texto con el ritmo de las canciones de manera independiente, o sea, texto con ritmo disociado de la melodía, como si fuera un rap.

6.5.3. La educación musical

Los ejercicios de educación musical pueden combinarse con los de construcción del gesto vocal y calentamiento o realizarse de manera independiente.

En esta etapa deben perseguir:

- Aumentar las aptitudes en cuanto a la capacidad de percepción del sonido y comprensión del contexto musical.

- Trabajar las aptitudes melódicas con diferentes enfoques y se ha de incluir la improvisación en las mismas. Los intervalos deben ser estudiados cuidadosamente y el oído educado para percibir los matices más sutiles de la entonación.

- Trabajar las aptitudes rítmicas a través del movimiento. Muy recomendable la percusión corporal por la capacidad de conectar diferentes zonas cerebrales.

- La lectoescritura musical y grafías han de realizarse con múltiples enfoques, primero deben saber reconocer los parámetros básicos del sonido (frecuencia: agudo-grave; intensidad: suave-fuerte; duración: largo-corto y timbre), para eso se pueden realizar gestos en el aire, movimientos más grandes o pequeños con el cuerpo, etc.

- Escuchar diferentes tipos de voces: a través de la escucha de voces de niños, de adultos y de diferentes tipos de repertorio el alumno mejorará su criterio artístico y mejorará su sensibilidad artística.
- Cantar a una y dos voces.
- Crear canciones o letras diferentes a una melodía dada. Fomentar la creatividad. Las actividades pregunta-respuesta son muy adecuadas.

6.5.4. El repertorio

6.5.4.1. Criterios de selección

Aunque a los niños les divierte descubrir el sonido en sí mismo, el motivo por el que asisten a clases de canto es la interpretación de un determinado repertorio. En esta parte de la clase se ha de hacer especial hincapié en la dicción, la musicalidad, la memoria, la interpretación y la actuación.

El repertorio debe elegirse en función de las dificultades que pueda afrontar el alumno o el grupo de alumnos en cada momento, teniendo en cuenta el grado de madurez vocal, musical y mental del mismo y sus gustos y preferencias. Cuando se enseña a cantar partiendo de los gustos musicales de los alumnos el proceso de enseñanza-aprendizaje se acelera porque es más motivador.

Los niños tienen que cantar para disfrutar de la música, explorar su voz y sus emociones y desarrollar su potencial musical y el profesor no puede dejar de promover, ya sea en clases individuales como en colectivas, la autonomía vocal y el descubrimiento del propio instrumento como consecuencia de la asimilación de un esquema corporal vocal saludable y no tanto en cantar un repertorio difícil o complejo.

No se puede subestimar el grado de complejidad cerebral que requiere cantar y para establecer un buen patrón neuromuscular siempre es preferible que la tarea sea sencilla para mejorar la coordinación de todo el sistema. No se trata tanto de la cantidad de canciones que se hacen sino de la calidad con la que logran cantar. Si los niños son capaces de coordinar su voz, integrando todos los aspectos del funcionamiento de la voz, en una canción sencilla podrán ir incrementando la dificultad musical y vocal progresivamente.

Los criterios más importantes a tener en cuenta son:

• El idioma. Hasta que no se establece completamente la voz cantada es recomendable que los niños canten en su idioma materno porque aún no tienen la consciencia sobre la modificación consciente de los articuladores para cantar en otra lengua. Se debe preguntar qué idiomas hablan, es posible que dominen varios por diferentes circunstancias y esto dará más opciones al profesor. En caso que se quiera cantar una canción que originalmente esté en otro idioma, puede ser una buena actividad crear una versión de la letra en la lengua materna.

• La tesitura. Los niños deben cantar siempre en su tesitura cómoda y que no incida en los extremos grave ni agudo y adaptada a cada etapa y fase de desarrollo vocal.

• El uso de la voz cantada. Lo importante no es el estilo vocal, sino cómo se canta, de manera que no se debe permitir a niños/as imitar las voces de adultos que escuchan, sino que deben desarrollar un sonido vocal que se adapte a su edad, su voz y su personalidad.Es más importante que el entrenamiento vocal basado en los principios fisiológicos del canto que el tipo de repertorio que se canta.

• Los objetivos técnicos y artísticos a conseguir y la secuenciación de los mismos. Es decir, ha de ser prioritario el «cómo» se canta sobre el «qué» se canta. Ese «cómo» debe estar encaminado a mejorar la manera de cantar. La elección del repertorio no tiene que ver con aprender una buena o mala técnica. No hay canciones que vayan en detrimento de una buena manera de cantar. El docente debe plantearse los objetivos técnicos en forma de espiral, es decir, volviendo a la base y profundizando cada vez más en el conocimiento de la voz.

- La dificultad. Seleccionar obras que hagan a los alumnos sentir que cantar es fácil, divertido, y pueden expresar emociones a través de la música (obteniéndose una buena relación emocional con la actividad) y que permitan controlar adecuadamente su voz. Si se sienten competentes tendrán la motivación para cantar las canciones en diferentes contextos (con los amigos o la familia) de manera que afianzarán los recursos técnicos y emocionales gracias a la práctica y la repetición y a una buena retroalimentación del entorno.

- El tipo de escritura musical. Los criterios de escritura musical que determinan cuándo el repertorio es adecuado para los niños y les permiten cantar sin forzar la voz son:

  ‣ Los intervalos tienden a ser consecutivos con distancias de una quinta o menos siendo estos más frecuentes que las sextas, séptimas y octavas, en su mayoría ubicados en el pulso principal o subdivisiones del mismo.

  ‣ Se evitan las dinámicas extremas para que no griten (ff) o se traguen la voz (pp). Los acompañamientos instrumentales no deben ser demasiado fuertes para que no lleven a forzar la voz.

  ‣ Las melodías están centradas predominantemente alrededor de una base tonal y en intermitentes ocasiones se desvían de las tríadas de dominante y tónica y del patrón rítmico para hacer variaciones.

  ‣ La longitud de las frases es razonablemente accesible y el rango vocal para todas las voces se adapta a la habilidad del niño en tempo cantabile. El fraseo debe ser cómodo desde el punto de vista del control de la columna de aire (frases cortas y evitar notas tenidas)

  ‣ En la mayor parte del tiempo total de las composiciones analizadas las voces son escritas al unísono o a dos voces. Hacia los compases finales de la composición es cuando se agregan partes o segundas voces.

  ‣ Frecuentemente las partes vocales son estructuradas de manera homofónica resultando movimiento simultáneo entre las voces. El uso de variaciones ocasionales como el canon, la imitación, o una contramelodía (quodlibet) se aplica para evitar la repetición. El uso selectivo de armonía cerrada también es un método que provee textura adicional a la composición para niños.

- La cantidad o extensión de la obra. Es preferible hacer pocas obras cortas y desarrollar correctamente el esquema corporal vocal que cantar muchas y no hacer ninguna bien. Trabajar gran cantidad de repertorio no siempre es reflejo de alcanzar mayores competencias vocales. Ha de primar la calidad sobre la cantidad. Cantar obras que exceden las capacidades vocales, musicales y emocionales puede tener desagradables consecuencias que van desde adquirir patrones musculares que produzcan una emisión forzada hasta la aparición de algún tipo de patología vocal. Las canciones que exceden la comprensión emocional impedirán conectar la voz con su mundo emocional. Todo esto desmotivará progresivamente al alumno produciendo una disminución de la autoestima y del autoconcepto musical.

- En la primera infancia y comienzo de la segunda infancia, el repertorio más adecuado es el de música popular porque generalmente comprende tesituras limitadas y ofrecen retos musicales pero no son vocalmente demasiado exigentes.

- En la segunda infancia se recomienda comenzar por algunas canciones del repertorio Disney ya que permiten trabajar un buen gesto vocal y la voz mixta y en muchas ocasiones los niños las reconocen o sienten afinidad hacia ellas. Después se pueden trabajar algunas canciones pop o de musicales adecuadas para ellos. El repertorio clásico ha de ser muy cuidadosamente seleccionado porque requiere un control vocal mayor en el pasaje de la voz y mayor madurez musical y vocal. Es aconsejable que escuchen a algunos cantantes que tienen el tipo de vocalidad que se asemeja al sonido que tienen que producir los niños. Estos suelen coincidir con voces agudas adultas (tenores y sopranos) que no emplean mucha tesitura al cantar. Debido a que escuchar a otros cantantes es parte de su proceso de aprendizaje, en la infancia es importante sugerir artistas de música popular y moderna que ofrezcan modelos vocales que sean lo más parecidos a sus voces (sonido claro y sin vibrato).

- Los modelos vocales y los defectos más comunes. Como los niños tienden a imitar lo bueno y lo malo es importante enseñar a identificar si el cantante tiene algún tipo de defecto (nasalidad, sonido aireado, etc.). Se ha de explicar por qué es un defecto y hay que decirles que no deben imitarlo sino que deben cantar con su voz de manera saludable. Lo mismo sucede con algunos efectos, como las distorsiones, que deben ser evitadas porque pueden llevar a los niños a constreñir las voces. A partir de la adolescencia se pueden introducir este tipo de sonidos, siempre bajo la supervisión de un profesor de canto cualificado.

- El desarrollo de las aptitudes musicales y vocales. Conforme aumenta la competencia musical y vocal se pueden ir ampliando los estilos musicales: clásico, popular, teatro musical, pop, rock, jazz, gospel, latin, rhythm and blues, folk, etc. y el docente debe proporcionar los recursos vocales para la interpretación auténtica de estas y otras categorías de música vocal.

- La letra. Para hacer un buen trabajo de interpretación la letra tiene que ser creíble. El niño tiene que entender aquello que canta y a la audiencia le tiene que parecer creíble el significado de la canción en boca de un niño. Es difícil que el niño conecte con unas emociones provocadas por realidades de adultos.

- La temática de la letra. En el caso de la música moderna es importante: que la temática y la letra de la canción sean apropiadas para las edades. Evitar canciones que hablen de sexo, drogas o lleven implícitos valores que vayan en contra de los derechos humanos o que fomenten las desigualdades. Es importante no subestimar el valor educativo de las letras de las canciones.

6.5.4.2. Cómo enseñar el repertorio

El docente debe ser un buen modelo a imitar. Los niños más pequeños aprenden mejor a cantar si ven y escuchan al profesor cantar y éste se constituye como un buen modelo vocal. El profesor debe usar una voz clara de cabeza y emitir suave. En el caso de los profesores chicos: usar sólo la voz de falsete en el caso de que los niños no tengan acceso a su registro de voz cantada (Mi3-Si3) y sean pequeños. Después pueden cantar en su voz mixta porque pueden imitar a la octava, si hay algún niño que sea un buen modelo pedirle que cante para que los demás lo imiten.

Sin embargo, el maestro/profesor de canto no debe cantar todo el tiempo con los niños porque necesita escuchar cuidadosamente aquello que hacen. Los niños deben cantar solos para ganar consciencia de su voz e independencia. Si canta todo el tiempo deja de escuchar y crea cantantes dependientes.

Una vez elegido el repertorio se debe considerar el modo en el que el alumno aprende las canciones y las actividades que el profesor le propone. Las recomendaciones generales en este sentido son:

- Realizar actividades sencillas y desgranadas: trabajo de la música y el texto de manera separada para disociar el trabajo cuerpo-mente. La letra en muchas ocasiones impide prestar atención a la precisión rítmica o de afinación.

- Dar importancia a los aspectos expresivos de la voz cantada, teniendo en cuenta que la unidad expresiva es la frase musical, y no cada sonido de manera individual. Debe trabajarse el legato y la dinámica para mejorar la expresividad.

- Los niños memorizan mejor el repertorio si la letra se acompaña con movimiento y gestos.

- Los ejercicios de *role-play*, es decir, ponerse en el rol del cantante o el personaje ayudan a descubrir y explorar diferentes identidades y situaciones. Los niños pueden entender sentimientos (alegría, tristeza, melancolía, ira) y características de identidad (tímido, extrovertido, valiente, cobarde, amable) y pueden ser explorados a través del repertorio. Este tipo de trabajo ayudará al alumno a comprenderse y a comprender a los demás (Edwin, 1987).

En todas las clases se debe: aprender algo nuevo, supervisar el estudio y repasar una obra conocida para mantener la competencia y la motivación. Lo más importante es que aquello que se cante se haga con gusto, con facilidad, con intención y disfrutando.

Después del calentamiento la voz estará en las mejores condiciones para interpretar las canciones y para aplicar los descubrimientos que se hayan realizado previamente. Es recomendable estudiar el repertorio nuevo o más complicado tras el calentamiento y acabar repasando, aprendiendo nuevas letras o haciendo trabajo de expresión.

El alumno debe cantar la canción entera sin interrupción por parte del profesor para favorecer la concentración, la expresividad y la sensación de disfrute. Tras esa primera interpretación se debe tener en cuenta que en estas edades se está forjando la identidad de los alumnos y hay que emplear el refuerzo positivo, es decir, empezar indicando todo lo que se ha hecho bien y posteriormente realizar las indicaciones pertinentes de mejora y trabajar las partes que presenten mayores dificultades, de una manera concreta y directa.

Además en el caso del canto, el hecho de no poder desvincular el instrumento de la psique de la persona, que el instrumento forme parte del cuerpo, hace que en muchas ocasiones se vinculen las correcciones que se puedan hacer a la autoestima y autoconcepto de la persona por lo que se ha de incidir en el trabajo muscular causa-consecuencia y cómo mejorarlo.

- La clase debería disponer de conexión a internet, ordenador o tablet, pizarra digital o proyector y altavoces que agilizan el uso de recursos tecnológicos en el aula.

El estudio del repertorio debe ayudar a la adquisición del lenguaje musical, por ello se recomienda tener la partitura, o, en su defecto, las letras de las canciones con los acordes, para poder hacer anotaciones. El recurso estrella para aprender canciones, sobre todo cuando no se domina el lenguaje musical, son los vídeos, bases musicales y karaokes que se pueden visionar online.

Los vídeos en los que va apareciendo el texto mientras el cantante va interpretando la canción ayudan al aprendizaje mediante imitación y agudizan el oído del alumno pero es preciso desligarse de ellos lo antes posible para evitar que los alumnos imiten la voz que escuchan, sobre todo si es adulta.

Los karaokes ayudarán a mejorar la audiation. Los alumnos, se familiarizan con el acompañamiento de la obra sin tener que cantar «encima» de otro cantante, es decir, superponiendo la voz del alumno a la interpretación del cantante y son de gran ayuda para que el alumno mantenga el pulso y el ritmo y posibilitarán la sincronización física y auditiva.

En el aula, las canciones se deben trabajar tanto con partituras como con karaokes. Ambos pueden ser transportados a los tonos más adecuados mediante diferentes herramientas informáticas (editores de audio o de partituras).

Fomentar el uso de las tecnologías de la información y la comunicación -TICs- en el aula es uno de los grandes retos de la pedagogía actual. Si la clase dispone de conexión a internet, ordenador o tablets que agilizan el uso de recursos tecnológicos en el aula. En el caso de la clase de canto, la tecnología nos facilita el proceso de aprendizaje y permite al alumno ser más autónomo.

Algunos de los recursos digitales que se pueden emplear: videos y karaokes, aprendizaje en linea de canciones y letras, traductor y pronunciación, lectura musical, editor de música y audio, grabación de audio/video, apps, metrónomo, teclado, afinador, organizador del estudio, espectrograma, sonómetro, etc.

6.5.4.3. Sugerencias de repertorio

▶ Para niños en la segunda infancia

Musical/Disney/Cine:

Annie: «Mañana»; *La vida es bella*: «Yo, al verte sonreír» (Noa); *El mago de Oz*: «Somewhere over the rainbow»; Disney: «Parte de tu mundo» (*La sirenita*); «Una vez en diciembre» (*Anastasia*), «Un mundo ideal» (*Aladdin*), «Yo voy a ser el rey león» (*El rey león*), «Qué hay más allá» (*Vaiana*), «Aquella estrella de allá» (*Peter Pan*), «Volaré» (*Brave*), «Feed the birds» (*Mary Poppins*), «Hay un amigo en mí» (*Toy Story*), «Se llama amistad», «Vuela» (*Campanilla y el tesoro perdido*), «Me diste alas para volar» (*La espada mágica*), etc.

Pop español:

Mecano («En la puerta del sol»; «Hijo de la luna»; «El siete de septiembre»; «Salvador Dalí»; «Laika»; «Me cuesta tanto olvidarte»); Amaral («Te necesito»; «Son mis amigos»; «Cómo hablar»; «Días de verano»); Paula Rojo («Si me voy»; «Sólo tú»); Rozalén («La puerta violeta»; «Girasoles»; «Las hadas existen»; «Al cantar»; «Berlín»); El sueño de Morfeo («Esta soy yo»; «Puede«;«Para toda la vida«; «Contigo hasta el final»); La oreja de van Gogh («El primer día de mi vida»; «Cuídate»; «Dile al sol»); Rosario Flores («Qué bonito», «Agua y sal»); Julieta Vengas: («Con limón y sal»; «Me voy»); Natalia Lafourcade («Soledad y el mar»; «Mi tierra Veracruzana»; «Danza de Gardenias»; «Duerme negrito»); Amaia Romero («El relámpago»; «Nadie podría hacerlo»; «La mujer mayúscula y el mar»); Zahara («La gracia»; «Guerra y paz»; «Donde habitan los monstruos»); Nena Daconte («Tenía tanto que darte»; «El Aleph»), etc.

Pop inglés:

Beatles («Hey Jude», «Let it be», «Imagine», «Michelle»); Glee: «Jingle Bell Rock»; «Santa Claus is comming to town», etc.
Algunos estándares de jazz:

«Strangers in the night», «Fly me to the moon», «Summertime», «What a wonderful world», «Night and day», «Misty», etc.

Algunas obras de repertorio de vocalidad más clásica, teniendo en cuenta que deben cantar con su voz blanca y no imitar la voz operística: *Los chicos del coro*: «Carese sur l'ocean», «La nuit»; *La misión*: «Gabriel's oboe»; «Lascia ch'io pianga» de Handel; «Pie Jesu» de Andrew Lloyd Webber; «Caro mio ben» de Giordani; Vitoria, «Vitoria» de Carissimi; Popular/Lorca: «Las morillas de Jaen».

▶ Para adolescentes

Chicas:

«Parte de tu mundo» (*La Sirenita*), «Tenía tanto que darte» (Nena Daconte), «Verano» (La oreja de Van Gogh), «Sólo tú» (Paula Rojo), «Havana», (Camila Cabello), «Hijo de la luna» (Mecano), «City of Stars» (*La la land*), «Mañana» (Anny), «Esta soy yo» (Sueño de Morfeo), «Uncover» (Zara Larson), «Un mundo ideal» (*Aladdin*), «La bella y la bestia» (Disney), «Killing me softly» (Roberta Flack), «My baby just cares for me» (Nina Simone), «Miedo» (MClan), «Colores en el viento» (Pocahontas), «Rock me baby» (Tina Turner), «All of me» (John Legend), «How far I'll go» (Vaiana), «Let it go» (Frozen), «Listen» (Beyoncé), «I will always love you» (Whitney Houston), «Titanium» (Sia) , «Chandelier» (Sia), «Think of me» (*El fantasma de la ópera*), «Bound to you» (Christina Aguilera), «Symphony» (Zara Larson), «Alma mia» (Natalia Laforucade)

Chicos:

«City of Stars» (*La la land*), «Hey Jude» (The Beatles), «Un mundo ideal» (*Aladdin*), *La bella y la bestia* (Disney), «Your song» (Elton John), «Fly me to the moon» (Sinatra), «Quién», (Pablo Alborán), «Miedo» (MClan), «Al Alba» (José Mercé), «It's a beautiful day» (Michel Bublé).

7

BIBLIOGRAFÍA

7.1.Libros

AGOSTI-GHERBAN, C.: *El niño, el mundo sonoro y la música*. Alcoy, Marfil, 1988.

ATUNES C.: *Estimular las inteligencias múltiples*. Narcea, 2004.

BADÍA M., BAUCELLS M.T.: *Música I libre del mestre*. Educació primària. Escola de Pedagogía Musical - Mètode Ireneu Segarra. Publicacions de L'Abadía de Montserrat, 1999.

BLANKENBEHLER, G.: *Singing Lessons for Little Singers*. A 3-in.1 Voice, Ear- Training and Sight-Singing Method for Children. EE.UU., Pitch Perfect Publishing Company, 2009.

BLANKENBEHLER, G.: *Singing Lessons for Little Singers*. Very Young Beginner Series. Level A. EE.UU., Pitch Perfect Publishing Company, 2012.

BLANKENBEHLER, G.: *Singing Lessons for Little Singers*. Very Young Beginner Series. Level B. EE.UU., Pitch Perfect Publishing Company, 2015.

BRUNO, C.: *Discriminación auditiva: entrenamiento prosódico; ritmo y melodía*. Barcelona, La Guaira, 1990.

BRUNSSEN, K.: *The Evolving Singing Voice*. San Diego, Plural Publishing, 2018.

BUSTOS SÁNCHEZ, INÉS: *Trastornos de la voz en edad escolar*. Málaga, Aljibe, 2000.

BUSTOS SÁNCHEZ, INÉS: *La percepción auditiva*. Vol. I y II. Madrid, ICCE. BUSTOS, 2001.

SÁNCHEZ, INÉS (2003): *La voz. La técnica y la expresión*. Barcelona, Paidotribo, 2003.

CALAIS-GERMAIN, B y GERMAIN, F.: *Anatomía para la voz*. Barcelona, La liebre de marzo, 2013.

CEBALLOS RODRÍGUEZ, JOSEFA: *Recopilación de juegos y canciones populares para infantil y primaria*. Granada, Grupo Editorial Universitario, 2002.

CHAPMAN, Janice L.: *Singing and teaching singing*. San Diego, Plural Publishing, 2017.

COBETA I., F NUÑEZ F., FERNÁNDEZ S.: *Patología de la voz*. Marge Médica Books. Barcelona, 2013.

COOKSEY, J. M.: *Working with adolescent voices*. Saint Louis, Concordia Publishing House, 1992.

EDWIN, R.: Working with the pediatric singer: a holistic approach. In C. Hartnick & M. Boseley (Eds.), 2008.

ELLIOTT, M. F.: *Saber respirar bien*. Bilbao, Mensajero, 1980.

ELORRIAGA, A.: *La continuidad del canto durante el periodo de la muda de la voz*. Tesis doctoral, Universidad Autónoma de Madrid, 2011.

ELORRIAGA, A. y ARÓSTEGUI, J. L.: *Diseño curricular de la expresión vocal y el canto colectivo en la educacion secundaria. La muda de la voz en el aula de música*. Madrid, Anexo, 2013.

ESCUDERO, Ma. Pilar: *Educación de la voz: ortofonía, dicción, canto, ritmo*. Madrid, Real Musical, 1988.

GARCÍA, L. y MOTOS, T.: *Expresión corporal*. Madrid. Alhambra, 1990.

GARCÍA LÓPEZ, I. (coord.) et al.: *Evaluación del paciente con disfonía*. Madrid, SEORL CCC, 2018.

GARCÍA TAPIA, R.: *Diagnóstico y tratamiento de los trastornos de la voz*. Madrid, Garsi, 1996.

GIRÁLDEZ, A.: «Educación musical desde una perspectiva multicultural. Diversas aproximaciones», en Actas del III Congreso de la Sociedad Ibérica de Etnomusicología. Valencia, La mà de Guido / Generalitat Valenciana.pp. 219-231, 1997.

GREENHALGH, Z.: *Music and singing in the early years*. Londres y Nueva York. Routledge, 2018.

GUSTEMS, J y ELGSTRÖM, E.: *Guía práctica para la dirección de grupos vocales e instrumentales*. Barcelona, Graó, 2009.

HARRIS, P.: *Improve your teaching. Teaching beginners. A new aproach for instrumental and singing teachers*. Londres, Faber Music, 2008.

HEMSY DE GAÍNZA, V.: «La iniciación musical del niño y el desarrollo del oído» en Música y Educación, no 4, 1989.

HIDALGO MONTOYA, J.: *Cancionero de Valencia y Murcia*. Madrid, Carmona, 1979.

HIDALGO MONTOYA, J.: *Cancionero popular infantil español*. Madrid, Carmona, 1982.

HOBBS L., CAMPELL V.: *Changing voices, songs within an octave for teenager male singers*. Peters. Londres, 2012.

JAUSET, J. A.: *Cerebro y música, una pareja saludable*. Sevilla, Círculo Rojo Editorial, 2013.

JACKSON MENALDI, M. C.: *La voz normal*. Madrid, Ed. Panamericana, 1992.

JONES, D. L.: *A Modern Guide to Old World Singing*. Milton Keynes, Lightning Source UK Ltd, 2017.

KÜHN, C.: *La formación musical del oído*. Barcelona, Lábor, 1989.

LACARCEL J.: *Psicología de la música y educación musical*. Aprendizaje Visor. Madrid, 1995.

LE HUCHE, F.: *La voz*. Barcelona, Masson, 2003.

LIPS, Helmut: *Iniciación a la técnica vocal*. Lleida, Orfeó Lleidatà, 1979.

MANSION M.: *Estudio del canto*. Ricordi. Buenos Aires, 1947.

MARTÍ, J. M.: *Cómo potenciar la inteligencia de los niños con la música*. Barcelona, Redbook, 2014.

Mc. CALLION, M.: *El libro de la voz*. Barcelona, Urano, 1998.

McKENZIE, D.: *Training the Boy's Changing Voice*. London: Faber and Faber Ltd, 1956.

Mc. KINNEY, J.: *Lecciones prácticas para el canto*. Mundo Hispano, 1991.

MIKATS, V.: *Despertar auditivo. 30 juegos musicales*. Nerja (Málaga), Imprenta Costa del Sol., 1994.

MONTILLA LÓPEZ, P.: *El cerebro y la música*. Córdoba, Publicaciones de la Universidad, 1999.

MONTORO ALCUBILLA, M. P.: *44 juegos auditivos: educación musical en Infantil y Primaria*. Madrid, CCS, 2004.

MORA F.: *Neuroeducación. Solo se puede aprender aquello que se ama*. Alianza Editorial, 2014.

MUÑOZ MUÑOZ, J. R.: «La voz y el canto en la educación infantil» en Eufonía 23, 2001.

OCAÑA FERNÁNDEZ, A.: *Propuestas prácticas para trabajar la Audición Musical en Educación Primaria*. Granada, Grupo Editorial Universitario, 2002.

ORTIZ MOLINA, A.: *Canciones con Juegos. Juegos con Canciones*. Granada, Grupo Editorial Universitario, 2002.

PERELLÓ, J., CABALLÉ, M., GUITART, E.: *Canto-dicción*. Barcelona, Editorial Científico Médica, 1990.

PERETZ, I., ZATORRE R.J. Ed.: *The cognitive neuroscience of music*. Oxford University Press, 2003.

PHILLIPS, K. H.: *Teaching kids to sing*. New York: Schirmer Books/Cengage, 1992.

PICH, J.: *Desarrollo de la percepción auditiva*. Palma de Mallorca, Universidad, 1989.

QUIÑONES, C.: *El cuidado de la voz: ejercicios prácticos*. Madrid, Escuela Española, 1997.

RAMÓN Y LLUCH, D.: *Eixam: 323 canciones*. València, Conselleria de Cultura, 1990.

RUTKOWSKI, J.: *The Nature of Children's Singing Voices: Characteristics and Assessment*. The Phenomenon of Singing, [S.l.], v. 1, p. 201-209, nov. 2013. Available at: <https://journals.library.mun.ca/ojs/index.php/singing/article/view/945>. Date accessed: 29 Aug. 2019, 2013.

SATALOFF R.T.: *Vocal Health and Pedagogy*. Siencie and Assessment. Plural Publishing Inc. San Diego, EEUU, 2006.

SCHAFER, R. MURRAY: *Cuando las palabras cantan*. Buenos Aires, Ricordi, 1998.

SUNDBERG, J.: *The science of the singing voice*. Illinois, Northern Illinois University Press, 1987.

SWANSON, F. J.: *The male singing voice ages eight to eighteen*. Cedar Rapids, IA: Ingram, 1977.

TULON ARFELIS, CARMEN: *Cantar y hablar: conocimientos generales de la voz*. Barcelona, Paidotribo, 2005.

VAYER, P.: *El diálogo corporal. Acción educativa en el niño de 2 a 5 años.* Madrid, Editorial Científico-Médica, 1985.

VILLAGAR, I.: *Guía práctica para cantar.* Barcelona, Redbook, 2015.

VILLAGAR, I.: *Guía práctica para cantar en un coro.* Barcelona, Redbook, 2016.

VILLAGAR, I.: *La voz sí que importa.* Madrid, Empresa Activa, 2018.

VIÑAS F.: *El arte del canto.* Casa del Libro. Barcelona, 1963.

WAGNER, C.: *Aprenguem a fer cantar.* Barcelona, Hogar del Libro, 1966.

WELCH G. (Eds.), *Bodymind and Voice.* Minnesota, USA: The Voice-Care Network.

WILLEMS, E.: *El valor humano de la educación musical.* Barcelona, Paidós, 1981.

WILLEMS, E.: «Naturaleza del oído musical. Oír, escuchar, entender»en Música y educación no 11 pp. 23-28, Madrid, 1992.

WILLEMS, E. y CHAPUIS, J.: «Los ejercicios de audición»en Música y Educación no 16. Madrid, 1993.

WILLEMS, E. y CHAPUIS, J.: *Canciones de intervalos y acordes.* Barcelona, Pro Musica, 1996.

WILLIAMS, J.: *Teaching singing to children and young adults.* Offordshire. Compton Publishing, 2013.

WUYTACK, J.: *Choralia. 55 chants pour une formation vocale active.* Bruxelles, Ed. Schott Fréres, 1973.

7.2. Artículos

ADLER, A.»A survey of teacher practices in working with male singers before and during the voice change.» *Canadian Journal of Research in Music Education,* 40(4), 29-33, 1999.

ALESSANDRONI N. «Pedagogía Vocal Contemporánea y profesionales prospectivos: hacia un modelo de Diagnóstico en Técnica Vocal.» *Boletín de Arte,* 13, 2013.

ATTERBURY, B. W., & SILCOX, L. «The effect of piano accompaniment on kindergartners' developmental.singing ability». *Journal of Research in Music Education,* 41(1), 40-47, 993.

ATTERBURY, B. W., & SILCOX, L. «A comparison of home musical environment and musical aptitude in kindergarten students». Update: *Applications of Research in Music Education*, 11(2), 18-21, 1993.

BARLOW, C. A., & HOWARD, D. «Voice source changes of child and adolescent subjects undergoing singing training - a preliminary study». *Logopedics Phoniatrics Vocology*, 27, 66-73, 2002.

BOARDMAN, E. L. «An investigation of the effect of preschool training on the development of vocal accuracy in young children» (Doctoral dissertation, University of Illinois). *Dissertation Abstracts*, 25, 1245, 1964.

BOWEN B.O. «Experiences and an experiment with boys voices». *Journal of Singing.* 8 (1), 15-16, 1951.

BRODNITZ F.S. «On change of the voice». *The Nats Bulletin.* 40 (2), 24-26, 1983.

BÖHME, G., & STUCHLICK, G. «Voice profiles and standard voice profile of untrained children». *Journal of Voice*, 9(3), 304-307, 1995.

COOKSEY, J. M. & WELCH, G. F. »Adolescence, singing development and national curricula design». *British Journal of Music Education*, 15(1), 99-119, 1998.

COOPER, N. A. «Children's singing accuracy as a function of grade level, gender, and individual versus unison singing». *Journal of Research in Music Education*, 43(3), 222-231, 1995.

DALLA BELLA, S., GIGUERE, J. F., PERETZ, I. «Singing proficiency in the general population». Journal of the Acoustical Society of America, 121, 1182-1189, 2007.

DALLA BELLA, S., BERKOWSKA, M. «Singing and Its Neuronal Substrates: Evidence from the General Population». *Contemporary Music Review.* 28. 279-291, 2009.

DAVIS A.P. «Analysis of Compositional Techniques Used in Selected Children's Choral Literature». *Visions of Research in Music Education*, 2001.

DEMOREST, S. M. «Pitch-matching performance of junior high boys: A comparison of perception and production». *Bulletin of the Council for Research in Music Education*, 151, 63-70, 2001.

DEMOREST, S. M., CLEMENTS, A. «Factors influencing the pitch-matching of junior high boys». *Journal of Research in Music Education*, 55(2), 115-128, 2007.

DEMOREST, S., NICHOLS, B., PFORDRESHER, P. «The effect of focused instruction on young children's singing accuracy». *Psychology of Music*. 46, 207.

DEMOREST, S., PFORDRESHER, P., DALLA BELLA, S., HUTXH-INS, S., LUI, P., RUTKOWSKI, J., WELCH, G. «Methodological Perspectives on Singing Accuracy: An Introduction to the Special Issue on Singing Accuracy» (Part 2). *Music Perception*. 32. 266-271, 2015.

DIAZ, M. «La Educación Musical en la Etapa 0-6 Años». *Revista Electrónica de LEEME (Lista Europea de Música en la Educación)*. No 14 (noviembre, 2004) http://musica.rediris.es, 2004.

DIEZ MARTÍNEZ M. (1996). «Las voces infantiles. Extensión y tesitura de voz en niños de 7 a 14 años». *Tavira*. 13, 43-54, 1996.

DOLS A. «La música d'enconar Vint-i-cinquè aniversari de l'Escola de Música (Mètode Ireneu Segarra) de Palma o la maduresa d'un projecte centrat en l'educació». *Revista Electrònica d'Investigació i Innovació Educativa i Socioeducativa*. 1, 225- 236, 2008.

EDWIN R. «The Bach to Rock Connection The Care and Feeding of Young Voices». *Journal of Singing*, 43(4), 44, 1987.

EDWIN, R. «Care and feeding of young voices». *The NATS Journal*, 43 (4), 44, 1987

EDWIN, R. «Out of the mouths of babes». *The NATS Journal*, 46 (3), 38, 1990.

EDWIN R. «Kids are Singers, Too». *Journal of Singing*. 50 (2), 51-52, 1993.

EDWIN R. «Vocal Parenting». *Journal of Singing*. 51 (3), 53-56, 1995.

EDWIN, R. «The three ages of voice: the singing teacher as vocal parent». *Journal of Voice*, 11 (2), 135-137, 1997.

EDWIN, R. «Voice, how do we abuse thee...?» *Journal of Singing*, 52 (1), 65-66, 1995.

EDWIN R. »Karaoke, Everybody sing». *Journal of Singing* 52 (2), 63-64, 1995.

EDWIN R. «Vocal Exercises for Children of All Ages». *Journal of Singing*, 57 (4) 49-51, 2001.

EDWIN, R. «Should my child major in the performing arts?» *Journal of Singing*, 58 (5), 441-442, 2002.

EDWIN, R. «Children are singing». *Perspectives on Voice and Voice Disorders*, 12 (2), 11-14, 2002.

EDWIN, R. «The singing teacher as advócate». *Journal of Singing*, 61 (1), 79-81, 2004.

EDWIN, R. «Cross training for the voice». Journal of Singing, 65 (1), 73-76, 2008.

EDWIN, R. (2009). «Auditioning 101». *Journal of Singing*, 66 (2), 181-182, 2009.

EDWIN R. «Repertoire for Child Singers». *Journal of Singing*. 68 (4), 443-444, 2012.

EMGE, S. W. (1998). «The adolescent male: Vocal registers as affecting vocal range, register competence, and comfort in singing». *The Center Review* (Northeastern State University, Tahlequah, OK), 7(1), 1-12, 1998.

ELORRIAGA A. «El coro de adolescentes en un instituto de educación secundaria: en estudio de fonación». *Revista Electrónica* Complutense de Investigación en Educación *Musical*, 7 (1), 2010.

ELORRIAGA A. «Una propuesta de práctica de canto colectivo en la adolescencia: Un estudio de intervención en un IES». *Revista Electrónica* de LEEME (Lista Europea de Música en la Educación). 28 (1), 2011.

FETT, D. L. «The adolescent female voice: The effect of vocal skills instruction on measures of singing performance and breath management» (Doctoral dissertation, The University of Iowa). *Dissertation Abstracts International*, 54(07), 2501ª, 1993-1994.

FREER, P. «Choral Warm-Ups for Changing Adolescent Voices». *Music Educators Journal* 95 (3), 57-62, 2009.

FREER, P. «Hearing the voices of adolescent boys in choral music: A self-story». *Research Studies in Music Education*, 27, 69. Retrieved October 29, 2008, at http://rsm.sagepub.com/cgi/content/abstract/27/1/69, 2006.

FUCHS, M., FRÖHLICH, M., HENTSCHEL, B., STUERMER, I., KRUSE, E., & KNAUFT, D. «Predicting mutational change in the speaking voice of boys». *Journal of Voice*, 21(2), 169-178, 2007.

GARCÍA-LÓPEZ I, GAVILÁN BOUZAS J. «La voz cantada». *Acta de otorrinolaringología Española*. 10.1016, 2010.

GALERA NUÑEZ, M.M. «De la aptitud musical al concepto de audiation y al desarrollo de la teoría del aprendizaje musical de los niños pequeños de E. Gordon» *DEBATES | UNIRIO*, n. 18, p.192-206, mayo, 2017.

GALERA NUÑEZ, M.M. «Music Play. Un útil recurso para la Estimulación Musical Temprana» (*Revista Electrónica de Música en la Educación*) Number 34 (December, 2014), pp. 56-73 http://musica.rediris.es/leeme, 2014.

GAULT, B. «Effects of pedagogical approach, presence/absence of text, and developmental music aptitude on the song performance accuracy of kindergarten and first-grade students». *Bulletin of the Council for Research in Music Education*, 152, 54-63, 2002.

GELABERT LL.«La escolanía de LLuc, entre la tradición musical y la modernidad artística y pedagógica». Dedica. *Revista De Educação E Humanidades*, 5, 111-122, 2014.

GOETZE, M. «Factors affecting accuracy in children's singing» (Doctoral dissertation, University of Colorado at Boulder). Dissertation Abstracts International, 46, 2955ª, 1985-1986.

GOETZE, M., COOPER, N., & BROWN, C. «Recent research on singing in the general music classroom». *Bulletin of the Council for Research in Music Education*, 104, 16-37, 1990.

GORDON, E. «Audiation, Music Learning Theory, Music Aptitude and Creativity». *Suncoast Music education Forum on Creativity 1989*, p.75-81, 1989

GREEN, G. «The effects of vocal modeling on pitch-matching accuracy of elementary school children». *Journal of Research in Music Education*, 38(3), 225-231, 1990.

GREEN, G. «Unison versus individual singing and elementary students' vocal pitch accuracy». *Journal of Research in Music Education*, 42(2), 105-114, 1994.

GREENE N. «Developing Healthy Children's Voices in a Noisy World». *Journal of Singing*. 70 (5), 591-595, 2014.

GRIMLAND, F. «Characteristics of teacher-directed modeling in high school choral rehearsals». Update: *Applications of Research in Music Education*, 24(1), 5-14, 2006.

GUERRINI, S. «The developing singer: Comparing the singing accuracy of elementary students on three selected vocal tasks». Bulletin of the Council for Research in Music Education, 167, 21-31, 2006.

HERESNIAK M., WOITACH Ch «Changing the Standards: Alternative Teaching Materials». *Journal of Singing*. 58 (1), 29-38, 2001.

JUBANY J. «Didáctica de la música en la educación obligatoria: recursos digitales y el caso del karaoke». *EUFONÍA . Didáctica de la música*. 50, 88-99, 2010.

JUSTEL N. «Plasticidad cerebral: participación del entrenamiento musical». Suma Psicológica 19 (2), 97-109, 2012.

KELLER E. «Vocal Problems in the High School Vocal Program». Journal of Singing. 13 (3), 12, 1957.

HEDDEN, D. «An Overview of Existing Research About Children's Singing and the Implications for Teaching Children to Sing». Update: Applications of Research in Music Education. 30. 52-62, 2012.

HORNBACH, C. M. & TAGGART, C. C. «The relationship between developmental tonal aptitude and singing achievement among kindergarten, first-, second-, and third-grade students». *Journal of Research in Music Education*, 53(4), 322-331, 2005.

HOLLIEN, H., GREEN, R., MASSEY, K. «Longitudinal research on adolescent voice change in males». *Journal of the Acoustical Society of America*, 96, 2646-2654, 1994.

HOWARD, D. M. & WELCH, G. F. «Female chorister voice development: A longitudinal study at Wells, UK». *Bulletin of the Council for Research in Music Education*, 153/4, 63-70, 2002.

HUF-GACKLE, M. L. «The adolescent female voice (ages 11-15): Classification, placement and development of tone». *Choral Journal*, 25(8), 15-18, 1985.

KENT, R. D., VORPERIAN, H. K. «Development of the craniofacial-oral-laryngeal anatomy: a review». *Journal of Medical Speech-Language Pathology*, 3(3), 145-190, 1995.

LOPARDO C. «La entonación en niños de 9 y 10 años: un estudio multicasos». *Revista Da ABEM*. 19 (25), 98-112, 2011.

LOU, P. «A Dual-Stream Neuroanatomy of Singing». *Music Perception: An Interdisciplinary Journal*. 32. 232-241, 2015.

MANG, E. «Effects of age, gender and language on children's singing competency». *British Journal of Music Education 32(2), 161-174, 2006.*

MITCHELL, CH.A. «Audiation and the Study of Singing». Tesis doctoral. *The Florida State Univesity College of Music*, 2007.

MOLINA HURTADO, M.T., FERNÁNDEZ GONZÁLEZ S., VÁZQUEZ DE LA IGLESIA, F., URRA BARANDIARÁN A. «Voz del niño». *Rev. Med. Univ. Navarra*, 50. No 3, 31-43, 2006.

MOREY, M. J. «Measuring singing voice development in the elementary general music classroom». *Journal of Research in Music Education*, 46(1), 35-47, 1998.

MOORE, R. «Effects of age, sex, and melodic/harmonic patterns on vocal pitch- matching skills of talented 8-11 year-olds». *Journal of Research in Music Education*, 42(1), 5-13, 1994.

MOORE, R., BROTONS, M., FYK, J., CASTILLO, A. «Effects of culture, age, gender, and repeated trials on rote song learning skills of children 6-9 years old from England, Panama, Spain and the United States». *Bulletin of the Council for Research in Music Education*, 133, 83-88, 1997.

MOORE, S., CHEN, H., BROTONS, M. «Pitch and interval accuracy in echo singing and xylophone playing by 8 and 10 year-old children from England, Spain, Taiiwan, and U.S.A». *Bulletin of the Council for Research in Music Education*,161-62, 173-180, 2004.

MOORE, R. FYK, J., FREGA, A., BROTONS, M. «Influence of culture, age, gender, and two-tone melodies on interval matching skills of children from Argentina, Poland, Spain, and the U.S.A». *Bulletin of the Council for Research in Music Education*, 127, 127-135, 1995-1996.

MUÑOZ MUÑOZ J.R. «La voz y el canto en la educación infantil». Eufonía. Didáctica de la música 23, 43-54, 2001.

NATS. «Teaching Children to Sing». *Journal of Singing*, 59 (5) 377, 2003.

RICE W.C. «The abuse of very young voices». *The Bulletin*. 13 (4), 30-31, 1957.

PERSELLIN, D. C. The effects of vocal modeling, musical aptitude, and home environment on pitch accuracy of young children». *Bulletin of the Council for Research in Music Education*, 169, 39-50, 2006.

PFORDRESHER, P., DEMORES, S., DALLA BELLA, S., HUTCHINS, S., LOUI, P., RUTKOWSKI J., WELCH, G. (2015). «Theoretical Perspectives on Singing Accuracy: An Introduction to the Special Issue on Singing Accuracy» (Part 1). *Music Perception*. 32. 227-231, 2015.

PHILIPS, K. H. «The effects of group breath control training on selected vocal measures related to the singing ability of elementary students». *Journal of Research in Music Education*, 33(3), 179-191, 1985.

PHILIPS, K. H.. & AITCHISON, R. E..»The relationship of inaccurate singing to pitch discrimination and tonal aptitude among third-grade students». *Contributions to Music Education*, 24(1), 7-22, 1997.

PHILIPS, K. H.. & AITCHISON, R. E. «Effects of psychomotor instruction on elementary general music students' singing performance». *Journal of Research in Music Education*, 45(2), 185-196, 1997.

PHILIPS, K. H.. & AITCHISON, R. E. «The effects of psychomotor skills instruction on attitude towards singing and general music among students in grades 4–6». *Bulletin of the Council for Research in Music Education*, 137, 32-42, 1998.

PHILIPS, K. H.. & AITCHISON, R. E. «Second-year results of a longitudinal study of the relationship of singing instruction, pitch accuracy, and gender to aural acuity, vocal achievement, musical knowledge, and attitude towards singing among general music students». *Contributions to Music Education*, 26(1), 67-85, 1999.

PHILIPS, K. H.. & AITCHISON, R. E., BERGMAN, J. F., WESTERN, B. A. «First-year results of a study relating singing instruction, pitch accuracy, and gender to aural acuity and vocal achievement among general music students». *Research Perspectives in Music Education*, 1, 32-37, 1999.

PHILIPS, K. H., AITCHISON, R. E., NOMPULA, Y. P. «The relationship of music aptitude to singing achievement among fifth-grade students». *Contributions to Music Education*, 29(1), 47-58, 2002.

PHILIPS, K. H.,FETT, D. L. «Breathing and its relationship to vocal quality among adolescent female singers». *Journal of Research in Singing and Applied Vocal Pedagogy*, 15(2), 1-12, 1992.

ROSABAL G. «Algunas perspectivas para el manejo de la voz adolescente en el ensamble coral. Eufonía». *Didáctica de la música*, 45, 50-57, 2009.

ROSA-GUILLAMON, A., GARCÍA-CANTÓ, E. «Análisis bibliográfico de los modelos teóricos explicativos del aprendizaje motor». *La Revista Peruana de Ciencias de la Actividad Física y del Deporte* Volumen(4), 2018.

RUTKOWSKI, J. «The measurement and evaluation of children's singing voice development». *The Quarterly: Center for Research in Music Learning and Teaching*, 1(1-2), 81-95, 1990.

RUTKOWSKI, J. «The effectiveness of individual/small group singing activities on kindergartners' use of singing voice and developmental music aptitude». *Journal of Research in Music Education*, 44(4), 353-368, 1996.

RUTKOWSKI, J.. & CHEN-HAFTEK, L. «The singing voice within every child: A cross-cultural comparison of first graders use of singing voice». *Early Childhood Connections: Journal of Music-and-Movement-Based Learning*,7(1), p. 37-42. 2001.

RUTKOWSKI, J.,MILLER, M. S. (2003a). «A longitudinal study of elementary children's acquisition of their singing voices». Update: Applications of *Research in Music Education*, 22(1), 5- 14, 2003.

RUTKOWSKI, J.,MILLER, M. S. «The effectiveness of instruction and individual/small group singing activities on first graders' use of singing voice and developmental music aptitude». *Contributions to Music Education*, 30(1), 23-28, 2003.

RUTKOWSKI, J.,MILLER, M. S. «The effects of teacher feedback and modeling on first graders' use of singing voice and developmental music aptitude». *Bulletin of the Council for Research in Music Education*, 156, 1-10, 2003.

RUTKOWSKI, J. «The relationship between children's use of singing voice and singing accuracy». *Music Perception*, 32, 283–292, 2015.

SARGEANT, D., & WELCH, G. «Age-related changes in long-term average spectra of children's voices». Journal of Voice, 22(6), 658-670.

SAMUEL J.O. «Training the young voice». *Journal of Singing*. 2 (7), 8, 2008.

SATALOFF R.T., Spiegel R.T. «The young voice». *The Nats Journal*, 45(3), 35-37, 1989.

SKELTON K.D. «The Child's Voice: A Closer Look at Pedagogy and Science». *Journal of Singing*, 63 (5), 537-544, 2007.

SUÁREZ GARCÍA, J. I.; DOMÍNGUEZ PÉREZ, D. «La Schola Cantorum "Catedral De León" (1981-1993): Una Experiencia Pedagógica Y Educativa En El Ámbito Musical». *Dedica. Revista De Educação F. Humanidades*. 4, 291-315, 2013.

SLOBODA, J. A., & HOWE, M. J. A. «Musical talent and individual differences in musical achievement: a reply to Gagné». *Psychology of Music*, 27, 52-54, 1999.

STADLER ELMER, S. «Approaching the song acquisition process». *Bulletin of the Council for Research in Music Education*, 133, 129-135, 1997.

TITZE I. «Critical periods of vocal change: early childhood». *The Nats Journal*, 2 (49) 16-17, 1992.

TITZE I. «Critical periods of vocal change: puberty». *The Nats Journal*, 49 (3), 24, 1993.

TROLINGER, V. «Relationships between pitch-matching accuracy, speech fundamental frequency, speech range, age, and gender in American English-speaking preschool children». *Journal of Research in Music Education*, 51(1), 78-94, 2003.

TROLLINGER, V. «Pediatric Vocal Development and Voice Science: Implications for Teaching Singing». *General Music Today*. Volume: 20 issue: 3, page(s): 19-25, 2007.

TROLLINGER, V. «The Brain in Singing and Language». General Music Today. 23. 20-23, 2010.

TSANG, CH., Friendly, R., Trainor, L. «Singing development as a sensorimotor interaction problem». *Psychomusicology: Music, Mind and Brain*. 21, 2011.

VILAR I MONMANY M. *Acerca de la educación musical. Revista Electrónica de LEEME* (Lista Europea de Música en la Educación). 13, 2004.

WELCH, G. «Researching singing and vocal development across the lifespan: a personal case study». *Institute of Education University of London*

WELCH, G. «Beginning Singing with Young Children». *Journal of Singing*, 45 (2) 12-15, 1998.

WELCH, G. «Singing and vocal development (Excerpts)». Traducción: Manuel Pérez-Gil Revista Electr. de *LEEME (Lista Europea Electrónica de Música en la Educación)* No 34 (December, 2014) pp.74-79 http://musica.rediris.es/leeme, 2006.

WELCH, G. «A perceptual study of vocal registers in the singing voice of children, by Pamela Sewell Wurgler». *Bulletin of the Council for Research in Music Education*, 129, 77-82, 1996.

WELCH, G., SERGEANT, D., & WHITE, P. «The singing competencies of five-year-old developing singers». *Bulletin of the Council for Research in Music Education*, 127, 155-162, 1995.

WELCH, G., SERGEANT, D., & WHITE, P. «Age, sex and vocal task as factors in singing «in tune» during the first years of schooling». *Bulletin of the Council for Research in Music Education*, 133, 153-160, 1997.

WILLIAMS, T. S. «The effect of gender model on the pitch-matching accuracy of high school choral students». *Contributions to Music Education*, 21, 39-45, 1994.

WOLF, D. «A hierarchy of tonal performance patterns for children ages five to eight years in kindergarten and primary grades». *Bulletin of the Council for Research in Music Education*, 163, 61-68, 2005.

WURGLER, P. S. «A perceptual study of the vocal registers in the singing of children» (Doctoral dissertation, The Ohio State University). *Dissertation Abstracts International*, 52/02, 461ª, 1990.

YARBROUGH, C., GREEN, G., BENSON, W., & BOWERS, J. «Inaccurate singers: An exploratory study of variables affecting pitch-matching». *Bulletin of the Council for Research in Music Education*, 107, 23-34, 1991.

YARNALL, S. «Vocal and Aural Perceptions of Young Singers Aged Ten to Twenty-One». *Journal of Singing*, Volume 63, No. 1, pp 81-85.7.3., 2006.

7.3. Documentos electrónicos

FREER P. *Working With Boys & Their Changing Voices*. http://kmea.org/CONFERENCE/ handouts/2012/Freer1.pdf Url date. 25/03/2015

JONES D. (2013). *Protecting children voices*. www.voiceteacher.com Url. date 25/03/2015

LEEDBERG L. *The female changing voice*. http://www.leedberg.com/voice/pages/ female.html Lastchecked marzo 2015

LEEDBERG L. *The male changing voice*. http://www.leedberg.com/voice/pages/male.html. Last checked marzo 2015

VILLAGAR I. *La brújula del canto*. *www.labrujuladelcanto.com*

AGRADECIMIENTOS

Quiero dedicar unas palabras especiales en agradecimiento a muchos compañeros profesionales que me honran con su amistad y inspiran con sus palabras en torno a la música, la pedagogía, la voz y el canto, así como me estimulan con su ejemplo: al investigador sobre el canto en la adolescencia, docente de música y director del coro Voces para la convivencia, Alfonso Elorriaga; al director de orquesta y coro y profesor de coro, Josep Martí; al investigador sobre música y cerebro, Jordi A. Jauset; a la otorrino especializada en cantantes, Irene López Delgado; al director de los servicios médicos del Metropolitan Ópera and Jazz en el Lincoln Center de Nueva York, Anthony F. Jahn; al fisioterapeuta especializado en músicos, Javier López Pineda; a la médico rehabilitadora, directora de la Unidad de Medicina de la Música y las Artes Escénicas del Hospital de Manises, Pilar Román; a la cirujana maxilofacial, Raquel Villar; a la profesora de Pedagogía Musical, Adriana García; a la maestra de música, Ana Pitarch; al psicólogo especializado en músicos, Guillermo Dalia; a la otorrino especializada en cantantes, Isabel García López; a la maestra de música, Carmen Roger; a la psicóloga especializada en músicos, Marta G. Garay; a la compositora argentina, Claudia Montero; a la Presidenta de la asociación belga de profesores de canto y miembro de la junta directiva de la European Voice Teachers Association, Lieve Jansen; al especialista en Análisis musical, Tomás Gilabert; a la catedrática de Musicología, Mercedes Jorge; al influencer musical experto en nuevas tecnologías para músicos, Jame Day; al profesor universitario de Didáctica Musical, Joan María Martí; a mis queridas profesoras de Canto Enriqueta Tarrés, Alba Rosa Forasté, Francisca Roig, Luciana Serra y

Montserrat Caballé; a mis admiradas profesoras de Pedagogía musical, Laura Moreno y Pilar Fuentes; a mis queridas alumnas predilectas: la cantante y profesora de Canto mexicana, Jessica Cedillo y la cantante y profesora de Canto chilena, Mariela Gamboa; a la fisioterapeuta, Bibiana Badenes; al psicólogo y musicoterapeuta, Francisco Martínez; a la cantante holandesa, Alex Elzinga; a la cantaora e investigadora de la Técnica vocal flamenca, Alba Guerrero; al logopeda Carlos Vidal; a la soprano argentina, Natalia Lemercier; al director de coro, Ricardo Macho; a la pedagoga musical y fundadora de MusicaEduca, Eva Alonso; a la pedagoga inglesa del Canto, Jenevora Williams; a la foniatra especializada en cantantes, Cori Casanova; al logopeda e investigador sobre voz y emociones, Josep María Vila; a la divulgadora musical, Silvia Pujalte; al podcaster musical estadounidense, Jaime Riera; al musicógrafo, Máximo Pradera; al crítico musical, Alejandro Fernández; al profesor de piano y musicógrafo, Agustín Manuel Martínez; a la pedagoga musical australiana, Gabrielle Deakin; a la directora de la compañía de teatro musical Let's Dance, Eva Ausín; a la pedagoga musical, Emilia Ángeles Campayo; a la profesora de piano, Carolina Bellver; al actor y director de teatro, Víctor Antolí; a la directora de coro, Nuria Fernández Herranz; al responsable de actividades didácticas del Museu BBAA de Castelló, José Caño; a la guitarrista y profesora, Ana Archilés; a la cantante holandesa de jazz y pedagoga del Canto, Ineke van Doorn; al pedagogo brasileño del Canto, Moacyr Costa Filho; a la directora de programas musicales de televisión, Melina Rodríguez; al pedagogo estadounidense e investigador del Canto, Ingo Titze; al director de la Asociación de Músicos Profesionales de España, José Luis Nieto; al contratenor camerunés, Parfait Ekani; al investigador sueco y pedagogo del Canto, Johan Sundberg; a la pedagoga inglesa del Canto, Janice Chapman; al investigador sobre el desarrollo musical, David Hargreaves... y a tantos docentes e investigadores que creen que la música es esencial para la educación integral de los niños.

Guía práctica para cantar
Isabel Villagar
Conoce las posibilidades de tu voz y cómo desarrollarlas

Cantar de una manera sana requiere un entrenamiento muscular igual que cualquier actividad que requiera una coordinación motora, como patinar, conducir, ir en bicicleta, etc. Cualquier persona puede adquirir un conocimiento consciente del funcionamiento de su voz que le permita desarrollar todo su potencial artístico. En esta guía, Isabel Villagar explica con numerosos ejemplos las posibilidades de la voz y cómo desarrollarlas de una manera adecuada.

• Las cualidades del sonido y del aparato fonador.
• ¿Cómo se puede ejercitar y desarrollar la voz?
• La articulación en la voz cantada.
• Rango vocal y tesitura.

Un libro esencial para descubrir tu potencial y poder trazar tu rumbo artístico

Guía práctica para cantar en un coro
Isabel Villagar
**Qué es un coro y cómo funciona, la técnica vocal, salud e higiene,
los ensayos y las audiciones**

Cantar en coro es una de las actividades más placenteras y enriquecedoras que existen. Todo el mundo puede cantar porque está en nuestra naturaleza, sin embargo, la formación de un cantante no se da de modo espontáneo, sino que debe entenderse como la adquisición de una habilidad psicomotriz.

El esquema corporal vocal lo constituyen experiencias significativas, organizadas y sistematizadas tanto mental como corporalmente y para ello se diseñan los ejercicios vocales y las propuestas metodológicas con el fin de que se apliquen a un grupo de cantantes.

- Las etapas vocales: Primera y segunda infancia, adolescencia y adultos.
- La educación vocal y musical en los coros.
- Elección del repertorio.
- La preparación más adecuada para un concierto.
- El mundo coral en España e Hispanoamérica.

Todos los títulos de la colección *Taller de*: